GERHARD BOLTE

VON MARX BIS HORKHEIMER

Aspekte kritischer Theorie
im 19. und 20. Jahrhundert

WISSENSCHAFTLICHE BUCHGESELLSCHAFT

DARMSTADT

Einbandgestaltung: Neil McBeath, Stuttgart.

Die Deutsche Bibliothek – CIP-Einheitsaufnahme

Bolte, Gerhard:
Von Marx bis Horkheimer: Aspekte kritischer
Theorie im 19. und 20. Jahrhundert / Gerhard Bolte.
– Darmstadt: Wiss. Buchges., 1995
ISBN 3-534-12798-6

Bestellnummer 12798-6

© 1995 by Wissenschaftliche Buchgesellschaft, Darmstadt
Gedruckt auf säurefreiem und alterungsbeständigem Werkdruckpapier
Gesamtherstellung: Wissenschaftliche Buchgesellschaft, Darmstadt
Printed in Germany
Schrift: Times, 10/12

ISBN 3-534-12798-6

Ist die Konstruktion der Zukunft und das Fertigwerden
für alle Zeiten nicht unsere Sache,
so ist desto gewisser, was wir gegenwärtig zu vollbringen haben,
ich meine die rücksichtslose Kritik alles Bestehenden,
rücksichtslos sowohl in dem Sinne,
daß die Kritik sich nicht vor ihren Resultaten fürchtet
und ebensowenig vor dem Konflikte mit den vorhandenen Mächten.

Karl Marx

Inhalt

Vorwort

Wenn heute von kritischer Theorie die Rede ist, so versteht man darunter im allgemeinen eine bestimmte Richtung in der Sozialforschung, die Anfang der dreißiger Jahre in einem Frankfurter Institut unter Leitung Max Horkheimers konzipiert worden ist und für die sich im Wissenschaftsbetrieb die Trademark „Frankfurter Schule" eingeschliffen hat.[1] Dieser Trademark werden einige Namen zugeordnet, neben Horkheimer etwa Herbert Marcuse, Theodor W. Adorno, Erich Fromm, Leo Löwenthal, Friedrich Pollock. Doch diese häufig als „Väter der Frankfurter Schule" betitelten Theoretiker hatten nichts weniger im Sinn als eine Schulgründung. Im Gegenteil, die Aufstellung eines geschlossenen Systems von Axiomen, Sätzen und methodischen Regeln, das sich zur Verschulung geeignet hätte, war ihrem Denken fremd. Und nicht einmal für die Richtung dieses Denkens, das sie „kritische Theorie" nannten, beanspruchten sie eine exklusive geistige Urheberschaft. Kritisch ist diese Theorie, insofern sie den realen Zustand der Gesellschaft an ihrem ökonomischen, technischen, intel-

[1] Dazu haben auch Standardwerke wie die theoriegeschichtliche Darstellung von Rolf Wiggershaus: Die Frankfurter Schule, München 1986, beigetragen, das zwar historisch recht zuverlässig ist, aber eine bestimmte, an Jürgen Habermas orientierte Interpretationsrichtung einschlägt und insbesondere gegenüber Horkheimer oft eine gehässige Arroganz durchscheinen läßt. Eine ähnlich angelegte, aber geschichtlich nicht so weit ausgreifende Arbeit von Martin Jay führt den Titel: Dialektische Phantasie. Die Geschichte der Frankfurter Schule und des Instituts für Sozialforschung 1923–1950, erschienen in Frankfurt a. M. 1981. Jay läßt zwar Horkheimer mehr Gerechtigkeit widerfahren als Wiggershaus, aber er hat offenbar große Probleme mit der marxistischen Tradition kritischer Theorie. Spürbar wird seine Distanz durch die leichtfertige Verwendung des unscharfen und offenbar in pejorativer Absicht gebrauchten Etiketts „orthodoxer Marxismus", selbst gegen den brillanten Wirtschaftstheoretiker des Instituts Henryk Grossmann.

lektuellen und kulturellen Potential mißt und sich ihre Ziele nicht durch die herrschenden Mächte vorschreiben läßt. Horkheimer charakterisiert sie in schlichten Worten als „unablösbares Moment der historischen Anstrengung, eine Welt zu schaffen, die den Bedürfnissen und Kräften der Menschen genügt"[2]. Dabei bezieht er sich auf eine ältere Gestalt kritischer Theorie, die um die Mitte des 19. Jahrhunderts aus dem linken Flügel der Hegelschen Philosophie hervorgegangen ist: die ökonomische Gesellschaftstheorie von Karl Marx.

Dieser Rückbezug ihrer kritischen Theorie auf die Marxsche war für die Mitglieder des Frankfurter Instituts selbstverständlich. Daß schon „Marx und Engels die kritische Theorie der Gesellschaft konzipierten"[3], war ihnen stets bewußt, und die Kritik der politischen Ökonomie galt ihnen als Modell kritischer Theorie schlechthin, selbst dort, wo sie sich mit Gegenständen aus dem Bereich der Ästhetik auseinandersetzte.[4] Der enge Konnex mit der – damals wie heute verfemten – Marxschen Theorie wurde allerdings in den Schriften, die während der Emigration des Instituts in den USA entstanden, häufig verklausuliert. Nur in Ausnahmefällen, zum Beispiel bei der Einführung und Begründung des Begriffs „kritische Theorie", mit dem man sich von der traditionellen Fachwissenschaft absetzen wollte, ist dieser Bezug auf Marx explizit geworden.[5] Inzwischen ist er im Zuge der Entwicklung der Theorie nach dem Zweiten Weltkrieg und insbesondere durch ihre Rezeption seit den achtziger Jahren weitgehend verlorengegangen. Eine verengte und oft kulturkritisch oder soziologisch eingefärbte Vor-

---

[2] M. Horkheimer, Philosophie und kritische Theorie. Zit. n. der von Horkheimer im Auftrag des Instituts für Sozialforschung herausgegebenen ›Zeitschrift für Sozialforschung‹ (im folgenden abgekürzt: ZfS) (Jg. 6) 1937, S. 626.

[3] Th. W. Adorno, Theorie der Halbbildung. Zit. n. ders., Soziologische Schriften I, Frankfurt a. M. 1979, S. 120.

[4] Cf. etwa Th. W. Adorno, Über den Fetischcharakter in der Musik und die Regression des Hörens, ZfS (Jg. 7) 1938, S. 321 ff. oder L. Löwenthal, Zur gesellschaftlichen Lage der Literatur, ZfS (Jg. 1) 1932, S. 85 ff.

[5] Cf. M. Horkheimer, Traditionelle und kritische Theorie, ZfS (Jg. 6) 1937, S. 245 ff., und M. Horkheimer u. H. Marcuse, Philosophie und kritische Theorie, l. c., S. 625 ff.

stellung von kritischer Theorie, die sich an der Trademark „Frankfurter Schule" orientiert, hat sich allgemein durchgesetzt.[6] Daß die Endstufe der Verwässerung und Verwischung aller politischen Konturen damit noch keineswegs erreicht ist, deutet sich in den Koketterien der Adepten des „Projekts der Moderne" mit den postmodernen Dekonstruktivisten auf dem Gebiet der Ästhetik an.[7]

Aufgabe und Anspruch dieses Buches ist es, den Zusammenhang der kritischen Theorie des 19. und 20. Jahrhunderts wieder ins Bewußtsein zu heben und auch für Leser, die kein profundes Vorverständnis mitbringen, transparent zu machen. Zwischen beiden waltet keine unmittelbare Kontinuität oder Progression, sondern eher eine Wechselbeziehung von Fundierung und Aktualisierung. Die kritische Theorie des 20. Jahrhunderts verdankt der Marxschen ihre wesentlichen Konstituentien: Transformation der Philosophie in Gesellschaftstheorie, materialistische Dialektik und Geschichtsauffassung, Kritik der politischen Ökonomie. Die Marxsche Theorie verdankt den Anstrengungen des Frankfurter Instituts eine undogmatische und produktive Interpretation und Fortentwicklung, die sie auf historisch modifizierte soziale Verhältnisse anwendbar macht und sie auf Gegenstände wie Kultur, Moral, Individuum etc. bezieht, die bei Marx und Engels noch nicht im Zentrum des theoretischen Interesses standen. Dazu gehört auch eine kritische Stoßrichtung gegen jedwede parteipolitische Instrumentalisierung und gegen objektivistische Verzerrungen nach Art des Ökonomismus, des Geschichtsdeterminismus der II. und III. Internationalen oder des Strukturalismus der Althusser-Schule[8], insbesondere aber gegen ihre Stillstellung im Diamat und die damit verbundene Verwandlung in einen Staatskult.

Kritische Theorie ist nach Überzeugung des Verfassers weder ein Lokalphänomen noch eine durch Exklusivrechte und Trade-

---

[6] Zur Auseinandersetzung mit dieser vor allem durch Habermas geprägten Interpretationsrichtung, die sich selbst häufig mit kritischer Theorie verwechselt, siehe den von mir herausgegebenen Band: Unkritische Theorie. Gegen Habermas, Lüneburg 1989.

[7] Cf. A. Wellmer, Zur Dialektik von Moderne und Postmoderne, Frankfurt a. M. 1985.

[8] Cf. W. Seppmann, Subjekt und System. Zur Kritik des Strukturmarxismus, Lüneburg 1993.

marks geschützte Veranstaltung esoterischer Intellektuellenzirkel und Wissenschaftsorganisationen, sondern die nicht dogmatische Aneignung, Tradierung und Erweiterung einer bestimmten Denkungsart, die ihr Fundament im Historischen Materialismus und der ökonomischen Gesellschaftstheorie hat. Einige Aspekte dieses nicht willkürlich verengten Verständnisses kritischer Theorie werden im vorliegenden Buch beleuchtet, andere mußten vorläufig noch unbearbeitet bleiben. Dazu gehört vor allem die Bedeutung von Theoretikern wie Karl Korsch oder Paul Mattick, die dem Institut für Sozialforschung nie angehörten, aber nach der hier begründeten Auffassung durchaus zur kritischen Theorie zählen. Eine hervorragende Stellung unter ihnen nimmt Ernst Bloch ein, dessen origineller Beitrag zur kritischen Theorie des 20. Jahrhunderts eine besondere Würdigung verdient.[9] – Eine knappe Auswahlbibliographie von Texten, die auf das Verhältnis von kritischer Theorie des 19. und des 20. Jahrhunderts Bezug nehmen, soll wissensdurstigen Lesern die Orientierung erleichtern.

---

[9] Cf. H. Schweppenhäuser, Reale Vergesellschaftung und soziale Utopie. Ernst Bloch als Sozialphilosoph, in: ders., Vergegenwärtigungen zur Unzeit?, Lüneburg 1986. Ferner H.-E. Schiller, Bloch-Konstellationen. Utopien der Philosophie, Lüneburg 1991.

1. Aufklärung und Philosophie

Zur Idee einer vernunftgeleiteten Gesellschaft

Von der Forderung, daß Vernunft praktisch werde, in der Beherrschung der Natur und der Einrichtung der Gesellschaft, waren breite Schichten des Bürgertums in seiner kämpferischen Phase erfaßt. Sie stand im Zentrum der französischen Aufklärung und auf dem Panier der Französischen Revolution. Rechtsgrundsätze wie die Gleichheit oder die wirtschaftliche und politische Freiheit der Bürger wurden direkt aus der Vernunft abgeleitet und sollten an die Stelle des feudalabsolutistischen Privilegiensystems treten. Die Regierung sollte nach dem Selbstverständnis der revolutionären Bourgeoisie nicht länger Instrument dynastischer und klerikaler Interessen, sondern kontrollierte Exekutivgewalt einer vernunftbestimmten «volonté générale» sein. Im politisch zersplitterten und ökonomisch zurückgebliebenen Deutschland konnte es die Bourgeoisie noch nicht riskieren, ihre politischen Interessen direkt zu artikulieren und gegen die absolutistische Fürstenmacht aufzubegehren. Die Aufklärung fand zwar bei vielen Bürgern lebhafte Resonanz, blieb aber, von politischem Engagement abgeschnitten, vorerst eine Sache gebildeter Konversation und intellektueller Selbstverständigung. Immerhin gab sie damit den Anstoß zu einer Blüte der Philosophie, die sich von ihrem Schulbegriff zum Weltbegriff befreien konnte, nämlich zur „Wissenschaft von der Beziehung aller Erkenntnis auf die wesentlichen Zwecke der menschlichen Vernunft".[10] Der äußere Zwang, den konkreten geschichtlichen Kampf um eine vernunftgeleitete Gesellschaft zur philosophischen Idee zu sublimieren, verwandelte sich in geistige Produktivität. Die konsequenteste und reichste Durcharbeitung des Vernunftbegriffs verdanken wir den großen Systemen des deutschen Idealismus, der sich auch selbst als geistige Reflexionsform

[10] I. Kant, Kritik der reinen Vernunft, B 867.

des neuen weltgeschichtlichen Prinzips verstanden hat: der Verwirklichung der Vernunft in der Geschichte. „In Deutschland ist
dies Prinzip als Gedanke, Geist, Begriff, in Frankreich in die Wirklichkeit hinausgestürmt."[11] Französische Aufklärer und deutsche
Philosophen waren davon überzeugt, daß die soziale Wirklichkeit
nicht unmittelbar vernünftig war, sondern erst zur Vernunft gebracht werden mußte. Vernünftig ist, was allen aufgeklärten Individuen, die gelernt haben, sich ihres Verstandes ohne Leitung anderer zu bedienen, einleuchtet und deshalb allgemeine Geltung
beanspruchen kann. Praktisch ist dieser Vernunftbegriff, weil er
sogleich die subjektive Freiheit der Individuen impliziert, vorhandene Verhältnisse und Institutionen einer kritischen Prüfung zu
unterziehen und gemäß richtiger Einsicht zu verändern. Der All-
gemeinheitsanspruch des Vernünftigen hatte durch die französische Aufklärung eine klare politische Stoßrichtung bekommen. So
verlangte Voltaire ein durchsichtiges, berechenbares und auf der
Gleichheit der Bürger basierendes Rechtssystem, Helvétius eine
auf das Glück der meisten angelegte Erziehung und eine am Allge-
meinwohl orientierte Regierung.

Gemessen am Fortschritt von Handel, Industrie und staatlicher
Integration, der sich in Frankreich, England und den Nieder-
landen im siebzehnten und achtzehnten Jahrhundert vollzogen
hatte, war das unter Hunderten kleiner und mittlerer Potentaten
aufgeteilte Deutschland ein Entwicklungsland. Die Entwicklung
von Handel und Industrie aber wurde durch zahlreiche mit der
Kleinstaaterei verbundenen Zölle, Abgaben, Rechtsunsicherheiten und Provinzfehden aufgehalten. Das schwach entwickelte
Bürgertum war zum Teil noch im Zunftwesen befangen und besaß
weder politischen Einfluß noch eine klare Orientierung. Kant formulierte den Vernunftanspruch als Moralgesetz, mit dem sich die
Individuen selbst konfrontieren: „Handle so, daß die Maxime
deines Willens jederzeit zugleich als Prinzip einer allgemeinen Ge-
setzgebung gelten könne."[12] Dieser kategorische Imperativ ist der
Form nach vernünftig, weil er den subjektiven Einzelwillen direkt

---

[11] G. W. F. Hegel, Vorlesungen über die Geschichte der Philosophie,
Theorie-Werkausgabe Bd. 20, Frankfurt a. M. 1982, S. 314.
[12] I. Kant, Kritik der praktischen Vernunft, A 54.

mit dem Allgemeinen zusammenschließt und weil die Vernunft hier einem Gesetz gehorcht, das ihr selbst entspringt. Ein zentrales Motiv des deutschen Idealismus leuchtet hier auf: die Vernunft ist sich selbst höchster Zweck. Kant versichert sich der Möglichkeit von Moralität durch die Konstruktion einer intelligiblen Welt, die den Wirkungen blinder Naturkausalität entzogen sei und der Vernunft eine eigene Sphäre eröffne, in der sie ihren Einsichten gemäß schalten und walten könne. Die Zugehörigkeit zu dieser Sphäre autonomer Vernunft verschaffe den intelligenten Wesen die Freiheit, sich in ihren Handlungen nicht von ihren Begierden und Neigungen, sondern allein vom Sittengesetz leiten zu lassen. Für die Menschen als vernünftige leite sich daraus die Verpflichtung ab, daß sie die Vernunft in sich selbst und anderen ehren, indem sie einander niemals nur als Mittel, sondern immer auch als Zwecke behandeln. Sehr viel sublimer als die Kampfschriften der Franzosen transportiert Kants Moralphilosophie den humanen Impuls der Aufklärung – als spüre sie bereits dessen Zerbrechlichkeit.

Aber bei Kant, dessen spekulativer Überschuß die deutsche Philosophie vor den positivistischen Konsequenzen des englischen Empirismus bewahrt hat, bleibt die praktische Vernunft selbst noch theoretisch. In der abstrakten Trennung von Sinnenwelt und Verstandeswelt versteckt sich auch die Einsicht, daß die Individuen einem ganz anderen Gesetz gehorchen als dem Sittengesetz, sobald sie ihre leiblichen Bedürfnisse befriedigen und sich unter dem Zwang der Konkurrenz reproduzieren müssen. Hier kommt das repressive Moment in Kants Moralphilosophie zum Vorschein, das später vom preußischen Militärstaat vulgarisiert und für seine unsittlichen Zwecke instrumentalisiert worden ist. Das Sittengesetz bürdet nämlich den Individuen die Pflicht auf, das gesellschaftliche Defizit an Vernunft auf eigene Gefahr auszugleichen, in dem sie in einem unmoralischen Zustand moralisch handeln. Auf eigene Gefahr – denn wer dem kategorischen Imperativ folgt, beugt sich einem Vernunftgesetz, das er bei keiner weltlichen Instanz einklagen kann, wenn er ins Hintertreffen gerät, weil andere es zu ihrem Vorteil mißachten. Die praktische Vernunft gerät in einen Widerstreit mit sich selbst, der letztlich aus der Kollision des allgemeinen Vernunftanspruchs der Bourgeoisie mit ihrem partikularen

Klasseninteresse resultiert. Wenn die praktische Vernunft ihre Autonomie nur erlangen kann, indem sie das materielle, auf physische Integrität, sinnliche Lust und wirtschaftlichen Wohlstand bezogene Interesse verleugnet, reduziert sie sich auf ein moralisches Sollen, das dem bürgerlichen business ohnmächtig gegenübersteht.

In einer geschichtsphilosophischen Spekulation hat Kant deshalb versucht, die Kluft zwischen Naturabhängigkeit und Vernunftanspruch der vergesellschafteten Menschen zu überbrücken. „Man kann die Geschichte der Menschengattung im großen als die Vollziehung eines verborgenen Plans der Natur ansehen, um eine innerlich- und, zu diesem Zwecke, auch äußerlich-vollkommene Staatsverfassung zu Stande zu bringen, als den einzigen Zustand, in welchem sie alle ihre Anlagen in der Menschheit völlig entwickeln kann."[13] Hierzu bediene sich die Natur des antagonistischen Widerstreits zwischen Vergesellschaftung und Vereinzelung, zwischen allgemeinem und privatem Interesse. Die naturwüchsige Entwicklung der Konkurrenz zwischen den Individuen und Staaten deutet Kant im Sinne einer immanenten Naturteleologie, die sich über den gesellschaftlichen Antagonismus antreibe, um ihn auszutreiben und das Naturgesetz mit dem Sittengesetz in einem weltbürgerlichen Zustand zugunsten aller zu vermitteln. Kant teilt das bürgerliche Urvertrauen in den geschichtlichen Fortschritt, aber er formuliert es dialektisch: Das partikulare Interesse am eigenen Vorteil, das die Individuen einzeln sowie in Klassen und Nationen zur Konkurrenz, zum Kampf und Krieg anstachelt und sie dadurch auch in Gegensatz zum universellen Moralgesetz rückt, ist eine unbestreitbare Tatsache. Nur wenn dieses Interesse selber eine – wenn auch bewußtlose – vorwärtstreibende Kraft ist und schließlich von aufgeklärten Menschen in einer höheren gesellschaftlichen Ordnung[14] überwunden werden kann, ist die

---

[13] I. Kant, Idee zu einer allgemeinen Geschichte in weltbürgerlicher Absicht, Achter Satz, A 403.

[14] Kant macht einige praktische Vorschläge, an erster Stelle eine republikanische Verfassung, welche auf allgemeiner Gleichheit und Freiheit sowie Kontrolle der Regierung durch die Bürger beruht; ferner die Überwindung des Krieges durch Abschaffung stehender Heere, Verbot von Staatsschulden für Kriegszwecke und Gründung eines Völkerbundes.

Hoffnung auf eine solidarische weltbürgerliche Menschheit mehr als eine abstrakte Utopie.

Den Gedanken einer in der Geschichte wirksamen Teleologie hat Hegel von Kant übernommen, allerdings mit einer deutlichen Akzentverschiebung. Die Verwirklichung der Vernunft in der Geschichte, die von der französischen Aufklärung als gesellschaftspolitische Forderung und von Kant als logische Konsequenz seiner Moralphilosophie verstanden worden ist, wird für den Systematiker Hegel zum ontologischen Prinzip. Er hält Kant die „Antinomie der moralischen Weltanschauung"[15] vor, die das Vernünftige zu einem Jenseits der Wirklichkeit erkläre, das aber dennoch wirklich sein soll. Diesen Bruch zwischen Sein und Sollen kritisiert Hegel als Irrtum des abstrakten Verstandes. Die Wirklichkeit ist ein Ganzes; folglich müssen Sein und Sollen als Momente dieser *Totalität* begriffen werden, in der sie sich von selbst wechselseitig integrieren. Gibt es so etwas wie Vernunft, dann muß sie in der Wirklichkeit anzutreffen sein, sonst wäre sie ein leerer Begriff. Die Vernunft muß sich selbst widersprechen, wenn sie ihr eigenes Nicht-Sein behauptet. Deshalb erklärt Hegel mit aller Emphase: „Was vernünftig ist, das ist wirklich; und was wirklich ist, das ist vernünftig."[16] Die von Kant kritisch herausgearbeitete Differenzierung von logischer und ontologischer Notwendigkeit zieht Hegel wieder ein. Er schließt nach der Struktur des ontologischen Gottesbeweises,[17] den Kant als Selbstüberhebung der Vernunft

[15] G. W. F. Hegel, Phänomenologie des Geistes, Theorie-Werkausgabe Bd. 3, Frankfurt a. M. 1982, S. 464.

[16] G. W. F. Hegel, Grundlinien der Philosophie des Rechts, Theorie-Werkausgabe Bd. 7, Frankfurt a. M. 1982, S. 24.

[17] Der ontologische Gottesbeweis beruht auf folgender Argumentation: Wir können uns im Geiste ein Wesen von höchster Vollkommenheit vorstellen. Dieses Wesen nennen wir Gott. Nun gehört aber zur höchsten Vollkommenheit die Existenz mit hinzu, denn sonst fehlte dem als vollkommen gedachten Wesen etwas, und es wäre gar nicht vollkommen. Also existiert Gott.

Das zu Beweisende, die Existenz des Vollkommenen, wird im Begriff bereits vorausgesetzt. Der Schluß vom Begriff auf die Existenz oder vom Denken auf das Sein wird in der philosophischen Terminologie allgemein als ontologischer Gottesbeweis bezeichnet.

kritisiert hat. Weil wir die objektive Wirklichkeit in ihren verschiedenen Dimensionen mit unserer Vernunft begreifen können, müsse sie auch an sich selbst vernünftig sein. „Wer die Welt vernünftig ansieht, den sieht sie auch vernünftig an",[18] versichert Hegel in seiner Geschichtsphilosophie. Besonders gelte dies für die Sphären von Gesellschaft, Staat, Kultus, Kunst und Wissenschaft, in welche Vernunft bereits konstitutiv eingegangen sei. Hegel faßt diese Vernunft repräsentierenden Wirklichkeitsmomente mit dem Begriff Geist zusammen.

„Geist bedeutet die geschichtliche Welt, gesehen in Beziehung auf den vernünftigen Fortschritt der Menschen."[19] Wo eine höhere Stufe der kulturellen Entwicklung erreicht worden ist, da muß stets die rohe Menschennatur in eine zweite gesellschaftliche verwandelt werden, der Kantische Naturplan zur Entfaltung der menschlichen Anlagen schon wirksam sein. Den gesellschaftlichen Zusammenhang, wie er sich auf einer bestimmten geschichtlichen Stufe in Sprache, Kultus, Rechtsverhältnissen und Staat darstellt, ordnet Hegel jeweils einem „welthistorischen" Volk zu und nennt ihn den Volksgeist. Der Staat sei das Dasein des Geistes in der Welt. In der Antike gilt der Volksgeist als sittliche Substanz, weil er die objektive Vernunft in Gestalt unumstößlicher Gewißheiten und Gesetze repräsentiert und dadurch die Ordnung und den Bestand der Gesellschaft sichert. Unvollkommen ist das antike Staatsprinzip insofern, als es noch nicht mit der subjektiven Freiheit der Individuen vermittelt ist. Und solange diese Vermittlung fehlt, ist die subjektive Freiheit noch nicht auf Vernunftzwecke bezogen und kehrt sich deshalb als ungebändigte Privat-

[18] G. W. F. Hegel, Vorlesungen über die Philosophie der Geschichte, Theorie-Werkausgabe Bd. 12, Frankfurt a. M. 1982, S. 23.

[19] H. Marcuse, Vernunft und Revolution. Hegel und die Entstehung der Gesellschaftstheorie, Darmstadt und Neuwied 1982, S. 21. – Marcuses Arbeit verdient mehr Beachtung als der gegenwärtige, von neonationalistischer Bewußtseinsverfinsterung mitgenommene Universitätsbetrieb ihr zugesteht. Sie gibt nicht nur die beste vorliegende Einführung in Hegels Philosophie, sondern auch eine präzise Ausleuchtung des geistigen Horizonts, unter dem die kritische Gesellschaftstheorie des 19. Jahrhunderts entstanden ist.

willkür ambitionierter Heerführer oder Adelsgeschlechter gegen den Staat. Nach außen wird dies sichtbar in den Zerstörungen der großen Reiche und in Epochenbrüchen, die Hegel als notwendige Durchgangsstufen der geschichtlichen Bewegung auffaßt, in der sich der Volksgeist zum Weltgeist erhebt, der die Substanz der „welthistorischen" Völker Ägyptens, Persiens, Griechenlands und Roms in sich auflöst. Denn dadurch behauptet er seine substantielle Macht, daß er sich mit den subjektiven Interessen und Leidenschaften der Individuen vermittelt und dabei selber Subjektivität entwickelt. „Nicht die allgemeine Idee ist es, welche sich in Gegensatz und Kampf, welche sich in Gefahr begibt; sie hält sich unangegriffen und unbeschädigt im Hintergrund. Das ist die *List der Vernunft* zu nennen, daß sie die Leidenschaften für sich wirken läßt, wobei das, durch was sie sich in Existenz setzt, einbüßt und Schaden leidet."[20] Während sich die Individuen in den geschichtlichen Kämpfen aufreiben, realisiert die Idee darin ihr Potential. Es besteht darin, daß sie die List eines Tages nicht mehr nötig hat, weil sie die Individuen von innen ergreift. In der Geschichte ist das Vernünftige wirklich, sofern es wirklich *wird*, denn Geschichte ist das Hervorgehen gesellschaftlicher, staatlicher und kultureller Formationen in der Zeit.

Was die Aufklärung zum Programm erhoben hat, macht Hegel zum Prinzip: Im Maße wie die Menschen ihren Willen von der blinden Leidenschaft befreien und den naturwüchsigen Weltlauf vernünftiger Einsicht unterwerfen, schwinden auch die Zwänge äußerer Verknechtung. Die Verallgemeinerung der Freiheit vom orientalischen Despoten auf die Gesamtheit der vergesellschafteten Individuen ist nach Hegel der Zweck der Geschichte, der Fortschritt im Bewußtsein der Freiheit. Er gipfelt im Vernunftstaat, der den Gegensatz von sittlicher Substanz und subjektiver Freiheit in einer integralen Totalität aufhebt. Hegels spekulativer Hauptgedanke, „das Wahre nicht als Substanz, sondern ebensosehr als Subjekt aufzufassen und auszudrücken",[21] erschließt sich von hier aus in seinem spezifisch geschichtsphilosophischen Sinn.

[20] G. W. F. Hegel, Vorlesungen über die Philosophie der Geschichte, l. c., S. 49.

[21] G. W. F. Hegel, Phänomenologie des Geistes, l. c., S. 23.

Erst die richtige Einrichtung ihres gesellschaftlichen Zusammenhangs erlaubt den Individuen, Subjekte ihres Lebens zu sein, und eben deshalb begreifen und befestigen sie die Institutionen ihres Staates als Objektivationen ihrer Vernunft. Hegel erkennt seine eigene Epoche als diejenige, in der sich der Zweck der Geschichte erfüllt. Er feiert die Französische Revolution als aufgehende Sonne der Vernunft, die nun die Geschicke der Welt nicht mehr listig hinter dem Rücken der Individuen, sondern im Einklang mit ihrem bewußten Willen lenkt. „Solange die Sonne am Firmamente steht und die Planeten um sie herumkreisen, war das nicht gesehen worden, daß der Mensch sich auf den Kopf, d. i. auf den Gedanken stellt und die Wirklichkeit nach diesem erbaut. Anaxagoras hatte zuerst gesagt, daß der Nus die Welt regiert; nun aber erst ist der Mensch dazu gekommen, zu erkennen, daß der Gedanke die geistige Wirklichkeit regieren solle. Es war dieses somit ein herrlicher Sonnenaufgang. Alle denkenden Wesen haben diese Epoche mitgefeiert."[22]

Der wirkliche Verlauf der Revolution mit ihren politischen Wechselbädern konnte diesen „Enthusiasmus des Geistes" nicht rechtfertigen. Konstitution, Republik, Terror, Thermidor-Reaktion, Bonapartismus und Restauration – all diese schiefen Projektionen der Klassenkämpfe auf die politische Ebene waren der naturwüchsigen Abfolge der Dynasten immer noch ähnlicher als dem verheißenen Vernunftregime. Die gefallenen absolutistischen Fesseln wurden rasch durch neue ersetzt. Schon mit der Lex Le Chapelier war den Arbeitern die organisierte Wahrnehmung ihrer Interessen verboten worden, und nach dem Thermidor war die den unteren Klassen angehörende große Mehrheit der Bevölkerung wieder genauso vom politischen Geschehen ausgeschlossen wie unter dem Ancien régime. Ihre materielle Lage hatte sich nur geringfügig verbessert. Erst nachdem die Juli-Revolution den Spuk der Bourbonen-Restauration weggefegt hatte, zeigten sich die tatsächlichen Resultate der gesellschaftlichen Umwälzung in aller Deutlichkeit: Kernstück der durchsichtigen bürgerlichen Rechtsordnung war der Schutz privaten Eigentums. Die freie Disposition über das Privateigentum oder über die eigene Arbeitskraft zu

---

[22] G. W. F. Hegel, Vorlesungen über die Philosophie der Geschichte, l. c., S. 529.

formal gleichen Bedingungen der Konkurrenz auf dem Markt er-
wies sich als materialer Gehalt der Freiheit und Gleichheit. Die
Revolution hat mit härtester Konsequenz eine Entwicklung voll-
endet, die unter dem absolutistischen Staat längst eingesetzt hatte:
die Herstellung der Bedingungen kapitalistischer Produktionsweise, deren einziger Zweck die Profitmaximierung ist.

Mit der rechtlichen Absicherung ihrer Wirtschaftsform und der
Übernahme der politischen Macht hatte die Bourgeoisie ihr Klas-
senziel erreicht und ihre Menschheitsideale vergessen. Der resigna-
tive Positivismus Auguste Comtes war der authentische Ausdruck
des politischen Stimmungsumschwungs. Comte repräsentiert eine
bereits stumpf gewordene Aufklärung, die die Tatsachen nicht
mehr polemisch gegen die religiösen Dogmen kehrt, sondern sie
zur gesellschaftlichen Norm erhebt und den Anspruch der Vernunft auf Gestaltung der sozialen Wirklichkeit einzieht. Er be-
gründet die Soziologie als deskriptive Wissenschaft, die gesellschaftliche Funktionsabläufe und Institutionen registriert, ohne
sie auf vernünftige Zwecke zu beziehen. Im Gegensatz zu den Auf-
klärern des 18. Jahrhunderts versteht Comte den Fortschritt nicht
als Umsturz einer ungerechten Ordnung. Vielmehr lehrt er die
Harmonie von Fortschritt und Ordnung und bedient sich dazu
einer deterministischen Geschichtsphilosophie. Die Geschichte
wird in idealistischer Manier, aber ohne jede dialektische Reflexion, als naturgesetzlich bestimmte Evolution der positiven Denkungsart aus der religiösen und metaphysischen Weltsicht ausge-
geben. Comtes Positivismus markiert einen Umschlagspunkt in
der Sozialwissenschaft. Der aufklärerische Esprit ist unwiderruf-
lich dahin, und der Pakt mit der bürgerlichen Ordnung wird zum
Markenzeichen der Soziologie. In der Praxis reduziert sich die auf-
geklärte Rationalität aufs ökonomische Kalkül, und das „Enrichis-
sez-vous!" des Bürgerkönigs war die optimistische Parole des sich
entfaltenden Kapitalismus. Diesen Optimismus hatte er allerdings
auch nötig, denn die schwere Wirtschaftskrise von 1825 bis 1827
hatte deutlich gezeigt, daß mit einer kontinuierlichen Steigerung
und Verallgemeinerung des Reichtums, wie sie etwa Saint-Simon
prognostiziert hatte, keineswegs zu rechnen war. Das Elend, das
die Krise unter den Lohnarbeitern ausgelöst hatte, motivierte die
Bewegung der Frühsozialisten. Bei ihnen blieb der Gedanke uni-

verseller Vernunft und Brüderlichkeit aufgehoben, aber – wie
Kants moralische Subjektivität – als ein Jenseits der Wirklichkeit.

Auch in Deutschland und besonders in Preußen war die absolutistische Fürstenherrschaft durch den von der Französischen Revolution entfachten Sturm in Bedrängnis geraten. Unter dem Schutz
der napoleonischen Besatzung wurden wichtige Reformen durchgeführt: die Abschaffung der Leibeigenschaft und der wirtschaftlichen Standesschranken, die Einführung der Gewerbefreiheit
durch Auflösung der zahlreichen Zünfte und Gilden, allgemeine,
auch den Adel betreffende, Besteuerung und Anfänge kommu-
naler Selbstverwaltung. Nach der Niederlage Frankreichs und der
„Neuordnung" Europas durch die alten Mächte auf dem Wiener
Kongreß gerieten die Liberalen in Deutschland allerdings unter
schweren Druck. Ihre Forderungen nach einem einheitlichen Na-
tionalstaat und einer Verfassung, die eine Teilung der politischen
Macht zwischen Adel und Bourgeoisie garantiert, wurden mit Gewalt zum Schweigen gebracht. Mit den Karlsbader Beschlüssen
wurde ein perfides Polizei- und Zensursystem geschaffen, mit
dessen Hilfe die republikanische Opposition gezielt unterdrückt
und das feudalabsolutistische Regime für fast dreißig Jahre zemen-
tiert werden konnte.

Wenig beeindruckt von all diesen Spannungen und Kollisionen
auf der Bühne der Weltpolitik hält Hegel an der Idee der Durch-
führung der Vernunft in der Geschichte fest und verarbeitet sie in
einem geschlossenen System der Philosophie. Kants Warnung vor
dem unvermeidlichen Blendwerk metaphysischer Spekulationen
zum Trotz konstruiert Hegel in der ›Phänomenologie des Geistes‹
den Fortschritt des Bewußtseins zum absoluten Wissen, das alle
Rätsel der Welt und religiöse Mysterien im Licht der Vernunft auflöst. Im absoluten Wissen kulminiert das philosophische System,
das den unbescheidenen Anspruch erhebt, den Weltprozeß in seiner
dynamischen Totalität nicht nur zu begreifen und darzustellen,
sondern selbst dessen geistiger Fokus zu sein. Hegel wähnt, den
begrifflichen Schlüssel des Weltprozesses in dessen innerstem
Bewegungsprinzip gefunden zu haben: der *dialektischen Negativität*.[23] Negativ ist das Absolute, der reine göttliche Geist vor

---

[23] In der 'Wissenschaft der Logik' lehrt Hegel, daß jede konkrete Be-

der Erschaffung der Welt, insofern es bestimmungs- und beziehungslos in sich selbst west. Es steigert seine Negativität, indem es sie negiert und mit dieser ersten Negation der Negation eine Bewegung in Gang setzt, durch die es sich zur logischen Idee emporschwingt, in Natur entläßt und als Geist mit sich selbst zusammengeht. „Welt entsteht aus der Selbstverneinung des Negativen und soll in ihr aufgehen."²⁴ Hegels spekulative Welterklärung basiert auf dem Gottvertrauen. Gott erweitert sich zur Welt, arbeitet seine Zwecke in ihr durch, und die Welt bedankt sich dafür, indem sie sich wieder in Geist verflüchtigt und mit ihrem Gotte versöhnt. Diese Versöhnung von Geist und Welt funktioniert ganz platonisch als Wiedererkennen der göttlichen Vernunft in ihren weltlichen Objektivationen. Sie vollzieht sich in den verschiedenen Sphären Natur, Staat und Geschichte, Kunst, Religion und Wissenschaft, und diese bilden die Momente der Hegelschen Philosophie. Diese versteht sich als eine Universalwissenschaft, in der alle Götter, Staaten, Kunstwerke und Gedanken der Vergangenheit ihren systematischen Ort gefunden haben, als Vollendung und intellektueller Nachvollzug der Versöhnung von Geist und Welt. Die Natur geht keine wirkliche Verbindung mit dem Geist ein, weil sie selbst nicht denkt und ihre geordnete Struktur nur äußerlich erkannt werden kann. Die Philosophie markiert die höchste Stufe der in sich selbst zurücklaufenden Bewegung des Geistes, weil sie sich im Medium des reinen Gedankens abspielt und ihre Gegenstände der

stimmung eines Gegenstandes insofern eine Negation enthält, als sie alle anderen Bestimmungen ausschließt. Von jedem Ding läßt sich nur sagen, was es ist, in bezug auf das, was es nicht ist. Jede konkrete Bestimmung resultiert aus dem Unterschied und enthält einen formalen Widerspruch, weil sie zugleich Affirmation und Negation ist. Dieser Widerspruch zwingt dazu, bei der einzelnen Bestimmung nicht stehenzubleiben, sondern sie immer wieder zu negieren, bis man zu einer Bestimmung gelangt, in der sich der Widerspruch auflöst. Dies ist die Dialektik als logisches Prinzip, die Einsicht, daß die Identität selbst ein absoluter Unterschied ist: „Identität der Identität und Nichtidentität" (G. W. F. Hegel, Wissenschaft der Logik, Theorie-Werkausgabe Bd. 5, Frankfurt a. M. 1983, S. 74).

²⁴ K. H. Haag, Der Fortschritt in der Philosophie, Frankfurt a. M. 1983, S. 92.

erkennenden Vernunft kaum Widerstand bieten. Zwischen Natur und Wissenschaft liegt die Sphäre des Staates samt seiner Kultur und Religion, und hier muß sich die Vernunft im Kampf mit den wilden Leidenschaften, selbstsüchtigen Interessen und zerstörerischer Gewalt bewähren. Der Gedanke, daß die Vernunft sich in diesem Kampf selbst überlisten und zerstören und damit alle Humanität in Natur zurückgenommen werden könnte, kam Hegel allerdings nicht in den Sinn. Am schließlichen Sieg der Vernunft in der Geschichte gab es für ihn keinen Zweifel. Weil nur die Versöhnung von Geist und Welt den philosophischen Idealismus rechtfertigen könnte, ist die Wirklichkeit des Vernünftigen das Thema probandum seiner Philosophie.

Nach seiner Berufung an die Berliner Universität scheute sich Hegel nicht, direkt vor seiner Haustür, im Preußen Friedrich Wilhelms III., die politische Vernunft aufzusuchen, die in der Französischen Revolution Programm geblieben war. Er entwickelte eine Staatsidee, in der Naturrecht und Moralität aufgegangen und die Ansprüche der Individuen mit denen der Familie, der Gesellschaft, der Wirtschaft und des Staates zu einem sittlichen Ganzen verschmolzen sind. Seine Anstrengung, ausgerechnet im preußischen Obrigkeitsstaat, der sich am kurzen Gängelband feudaler, klerikaler und militaristischer Interessen bewegte und die bürgerliche Freiheitsbewegung kompromißlos unterdrückte, die empirische Wirklichkeit dieser Staatsidee zu erweisen, lief auf die Quadratur des Kreises hinaus. Sie ist Hegel oft als servile Beschönigung des reaktionären Junkerregimes vorgehalten worden. In ihrem Resultat blieb sie jedoch so ambivalent wie Hegels Philosophie insgesamt. Sie wird selbst von der Dialektik fortgerissen, die sie im System so souverän bemeistert wähnte. Hegel hat das totale, alles integrierende System schon in dem Bewußtsein formuliert, daß die Philosophie hier zu sich selbst und damit an ihr Ende gekommen ist. Denn „die höchste Reife und Stufe, die irgend etwas erreichen kann, ist diejenige, in welcher sein Untergang beginnt".[25]

Der idealistischen Prätention einer ungebrochenen Harmonie

---

[25] G. W. F. Hegel, Wissenschaft der Logik, Theorie-Werkausgabe Bd. 6, Frankfurt a. M. 1983, S. 287.

von Idee und Wirklichkeit in einer vollendeten, vergeistigten Welt steht der erbärmliche Zustand Preußens mit seiner geistigen Enge und kleinlichen Beschränktheit aller Verhältnisse feindlich gegenüber. Diese offenkundige Diskrepanz wurde nach Hegels Tod von dessen Schülern immer deutlicher verspürt und bewirkte binnen kurzem den Zerfall der Schule in einen orthodoxen und einen kritischen Flügel. Der Überschuß an Rechtfertigung, die Schmeichelei der Vernunft, die Hegel dem preußischen Restaurationsstaat angedeihen ließ, mußte in Ironie und schließlich in Kritik umschlagen. Sichtbarer Ausdruck dieses Umschlags war die Bewegung der Junghegelianer. Wenn die Philosophie ihren Weltbegriff festhält und zugleich das Vertrauen in ihre unmittelbare Wirklichkeit verliert, kehrt sie sich als Wille gegen die Welt, als Trieb, sich zu verwirklichen. „Die innere Selbstgenügsamkeit und Abrundung ist gebrochen. Was innerliches Licht war, wird zur verzehrenden Flamme, die sich nach außen wendet. So ergibt sich die Konsequenz, daß das Philosophisch-Werden der Welt zugleich ein Weltlich-Werden der Philosophie, daß ihre Verwirklichung zugleich ihr Verlust, daß, was sie nach außen bekämpft, ihr eigener innerer Mangel ist."[26] Die dialektische Spannung zwischen totaler Integration aller Momente des Weltprozesses, die irgendeiner begrifflichen Bestimmung fähig sind, und der Unruhe des Negationsprinzips, das alle Momente nur im Zuge ihrer Dynamik bestimmt und keine dieser beschränkten Bestimmungen gelten läßt, hat den absoluten Idealismus auf seine spekulative Höhe getrieben. Sie hat aber auch das Unbehagen der Biedermeier-Zeitgenossen am Hegelschen System hervorgerufen und schließlich die Krise der Philosophie provoziert. Die Junghegelianer sind zum intellektuellen Resonanzboden dieser Krise geworden. Ihre führenden Köpfe haben darauf verzichtet, alle Weltprobleme im Schein einer absoluten Philosophie aufzulösen, und begonnen, die Dialektik zu einer kritischen, subversiven Methode zu schärfen, um sie auf konkrete Probleme und Fragen der Zeit anzuwenden. Die Spitze ihrer Kritik richtet sich allerdings noch nicht direkt gegen die politische

[26] K. Marx, Differenz der demokritischen und epikureischen Naturphilosophie. Anhang, Marx-Engels Werke (MEW) Ergänzungsband 1. Teil, Berlin 1977, S. 329.

Ordnung, sondern zunächst gegen deren wichtigste moralische Stütze: die christliche Religion.

Strauß

Nachdem David Friedrich Strauß eine Debatte über die historische Wahrheit der Evangelien eröffnet und die Authentizität der Wundergeschichten in Zweifel gezogen hat, werden die tradierten

Bruno Bauer

Texte des Neuen Testaments von Bruno Bauer einer scharfen historischen Kritik unterzogen. Er führt den Nachweis, daß sie keineswegs aus göttlicher Offenbarung, sondern aus dem Bewußtsein ihrer Autoren hervorgegangen sind und folglich auch nicht die göttliche Substanz, sondern die Vorstellungen und Wünsche jener griechisch-römischen Welt repräsentieren, der die Evangelisten angehörten.

Feuerbach

Ludwig Feuerbach bricht noch radikaler mit dem Hegelschen System und geht ganz materialistisch von der Natur aus, der Hegel nur den Status einer Veräußerlichung der logischen Idee zugestanden hat, die im Fortschritt des Wissens zum System der Philosophie wiederaufgehoben wird. Feuerbach betrachtet demgegenüber die Natur als von aller Religion und Metaphysik unabhängige Grundlage, auf der die Menschen zunächst selbst als Naturwesen existieren. Er unterscheidet dann die Naturmenschen von den Kulturmenschen, welche die Grenzen der unmittelbar sinnlichen Erfahrung überschreiten und nach dem Unendlichen tasten. Aber statt die Unendlichkeit in ihnen selbst, die Menschengattung, zu erfassen, hypostasieren sie sie zur Gottheit, der sie kultische Verehrung zollen. Auch der christliche Gott ist noch eine phantastische Projektion des menschlichen Gattungswesens in ein Jenseits der sinnlich erfahrbaren Welt. Diese religiöse Entfremdung der Menschen von ihrem Gattungswesen sei das „Wesen des Christentums", und sie sei nur im Zuge einer Anthropologie zu überwinden, die den Menschen als höchstes Wesen anerkennt und alle religiösen Mysterien auf ihren weltlichen, sinnlich erfahrbaren Ursprung zurückführt.

Obwohl Feuerbach an Hegel vorbei argumentiert, ohne ihn auf seinem eigenen Niveau zu kritisieren, obwohl sein Sensualismus abstrakt und sein Naturalismus romantisch bleibt, hat sein Buch[27] wie ein Befreiungsschlag gewirkt. Und zwar vor allem deshalb, weil es trotz seiner schwülstigen und schließlich bis ins Kultische gesteigerten Menschenliebe deutlich gemacht hat, daß die ideali-

---

[27] Gemeint ist: ›Das Wesen des Christentums‹, zuerst erschienen 1841.

stische Versöhnung eine des Geistes mit sich selbst auf Kosten der Natur und des sinnlichen Glücks der Lebewesen, also ein Trug ist. Friedrich Engels erinnert sich mit großem Respekt an Feuerbach, dessen ›Wesen des Christentums‹ „den Materialismus ohne Umschweife wieder auf den Thron erhob. Die Natur existiert unabhängig von aller Philosophie; sie ist die Grundlage, auf der wir Menschen, selbst Naturprodukte, erwachsen sind; außer der Natur und den Menschen existiert nichts, und die höhern Wesen, die unsere religiöse Phantasie erschuf, sind nur die phantastische Rückspiegelung unsers eignen Wesens. (...) Man muß die befreiende Wirkung dieses Buchs selbst erlebt haben, um sich eine Vorstellung davon zu machen. Die Begeisterung war allgemein: Wir waren alle momentan Feuerbachianer.“[28] Damit waren die mit allen spekulativen Wassern gewaschenen Intellektuellen der Hegel-Schule an den Materialismus zurückverwiesen, zumal an den der französischen Aufklärung.

Unter ihnen war es Karl Marx, der als erster die Krise der Philosophie in ihrer vollen Tragweite erfaßt und rasch begriffen hat, daß die Philosophie zwar mit sich selbst fertig geworden, ihre Verwirklichung in der Welt aber schuldig geblieben ist. Krise der Philosophie, das hieß: Weder konnte man ungeniert weiterhegeln und die unphilosophische Welt mit idealistischer Verachtung strafen noch der Philosophie einfach den Rücken kehren und sich unreflektiert auf die Politik stürzen. Die Aufhebung der Philosophie, die deren eigenem Anspruch gerecht werden konnte, mußte eine dialektische sein – und das wäre zugleich die Verwirklichung der Philosophie. Schon bevor Marx sich näher mit der Hegelschen Staatsphilosophie auseinandersetzte, war soviel klar: Die fällige Einlösung des philosophischen Anspruchs, „daß die Vernunft die Welt beherrsche“,[29] verlangte eine eingreifende Veränderung der materiellen Lebensverhältnisse der Gesellschaft und ihrer politischen Institutionen mit dem Ziel, nicht nur alle feudalen Vorrechte, sondern die Entgegensetzung der Menschen in Stände und Klassen

[28] F. Engels, Ludwig Feuerbach und der Ausgang der klassischen deutschen Philosophie, MEW Bd. 21, Berlin 1981, S. 272.
[29] G. W. F. Hegel, Vorlesungen über die Philosophie der Geschichte, l. c., S. 20.

überhaupt abzuschaffen. In der programmatischen Einleitung zur Kritik der Hegelschen Rechtsphilosophie zieht Marx die Konsequenzen aus der bislang geleisteten Religionskritik, die er als „Voraussetzung aller Kritik"[30] betrachtet. Dabei zeichnet sich der Übergang der spekulativen Philosophie in Geschichts- und Gesellschaftstheorie bereits deutlich ab. „Der Mensch macht die Religion, die Religion macht nicht den Menschen. Und zwar ist die Religion das Selbstbewußtsein und das Selbstgefühl des Menschen, der sich selbst entweder noch nicht erworben oder schon wieder verloren hat. Aber der Mensch, das ist kein abstraktes, außer der Welt hockendes Wesen. Der Mensch, das ist die Welt des Menschen, Staat, Sozietät. Dieser Staat, diese Sozietät produzieren die Religion, ein verkehrtes Weltbewußtsein, weil sie eine verkehrte Welt sind." Die Religion enthält die Wahrheit über die Welt, aber in einer falschen, verkehrten Gestalt. „Das religiöse Elend ist in einem der Ausdruck des wirklichen Elendes und in einem die Protestation gegen das wirkliche Elend. Die Religion ist der Seufzer der bedrängten Kreatur, das Gemüt einer herzlosen Welt, wie sie der Geist geistloser Zustände ist. Sie ist das Opium des Volks."[31] Wie ein Rauschmittel betäubt der religiöse Trost den Schmerz, ohne an die Ursachen des Leidens zu rühren. Die Religion kann nur hilflos gegen das Leiden aufbegehren, indem sie zugleich das gesellschaftliche Fundament des Leidens stabilisiert. Dies, nicht ihr spekulativer Gehalt, ist der zentrale Einwand gegen die Religion, mit dem Marx über Feuerbach hinausgeht und direkt an Holbach anknüpft: „Die Aufhebung der Religion als des illusorischen Glücks des Volkes ist die Forderung seines wirklichen Glücks. Die Forderung, die Illusionen über seinen Zustand aufzugeben, ist die Forderung, einen Zustand aufzugeben, der der Illusionen bedarf. (...) Die Kritik der Religion enttäuscht den Menschen, damit er denke, handle, seine Wirklichkeit gestalte wie ein enttäuschter, zu Verstand gekommener Mensch, damit er sich um sich selbst und damit um seine wirkliche Sonne bewege. (...) Die Kritik des Himmels verwandelt sich damit in die Kritik der Erde, die Kritik der

[30] K. Marx, Zur Kritik der Hegelschen Rechtsphilosophie. Einleitung, MEW Bd. 1, Berlin 1981, S. 378.
[31] L. c.

Religion in die Kritik des Rechts, die Kritik der Theologie in die
Kritik der Politik."[32] Aber auch damit hat es nicht sein Bewenden,
denn solange die Kritik sich nur rein intellektuell auf Gestalten des
Bewußtseins bezieht, bleibt sie ein Papiertiger und greift nicht
wirklich in die Organisation des gesellschaftlichen Lebens ein. Anders als die Religion oder die idealistische Philosophie kann die
kritische Theorie nicht in sich selbst bei irgendeiner eingebildeten
Heilsgewißheit oder bei der Idee des Wahren, Schönen, Guten
ihre Ruhe finden. Ihre Einsicht in die Negativität der bestehenden
Klassengesellschaft treibt sie über sich hinaus zur „revolutionären
Praxis"[33], die der richtigen Einsicht in die ungerechte Verteilung
von Mühsal und Reichtum nicht nur moralische Postulate, sondern Taten folgen läßt. Mit dieser Auffassung setzt Marx sich in
scharfe Opposition auch zu den Junghegelianern. „Die Waffe der
Kritik kann allerdings die Kritik der Waffen nicht ersetzen, die materielle Gewalt muß gestürzt werden durch materielle Gewalt."[34]
Die Theorie kann jedoch nur zur materiellen Gewalt werden,
wenn sie radikal genug ist, um die unterste Klasse der Gesellschaft
zu ergreifen, deren drückendes Elend sie zu härtester Arbeit für
einen Hungerlohn zwingt, „welche mit einem Wort der völlige Verlust des Menschen ist, also nur durch völlige Wiedergewinnung des
Menschen sich selbst gewinnen kann. Diese Auflösung der Gesellschaft als ein besonderer Stand ist das Proletariat."[35] Die Aufhebung der Klassengesellschaft durch die proletarische Revolution
ist die historische Pointe, auf die sich Kants Moralphilosophie und
Feuerbachs Religionskritik, Hegels spekulative Dialektik und der
französische Materialismus zusammenreimen: „Die Kritik der Religion endet mit der Lehre, daß der Mensch das höchste Wesen für
den Menschen sei, also mit dem kategorischen Imperativ, alle Verhältnisse umzuwerfen, in denen der Mensch ein erniedrigtes, ein
geknechtetes, ein verlassenes, ein verächtliches Wesen ist."[36]

[32] L. c., S. 379.
[33] K. Marx, Thesen über Feuerbach, MEW Bd. 3, Berlin 1981, S. 6.
[34] K. Marx, Zur Kritik der Hegelschen Rechtsphilosophie. Einleitung,
l. c., S. 385.
[35] L. c., S. 390.
[36] L. c., S. 385.

2. Historischer Materialismus

Zur Aufklärung und Revolution der naturwüchsigen Gesellschaft

Die materialistische Geschichtsauffassung ist in der Auseinandersetzung mit dem mechanischen Materialismus, der spekulativen deutschen Philosophie und dem Feuerbachschen Sensualismus entstanden. Sie wollte nicht weltanschaulichen Bedürfnissen dienen, die der hohl gewordene Idealismus enttäuscht hatte, sondern einen wissenschaftlichen Begriff der modernen Gesellschaft vorbereiten, der zur Richtschnur einer revolutionären Praxis werden könnte. Gegen Feuerbach machte Marx geltend, daß das Wesen des Menschen „kein dem einzelnen Individuum innewohnendes Abstraktum", sondern „das ensemble der gesellschaftlichen Verhältnisse"[37] und insofern durchaus in die geschichtliche Dynamik einbezogen ist. Mit der Einsicht, daß die Geschichte nicht von der immanenten Teleologie einer göttlichen Weltvernunft, sondern von den Erfordernissen des materiellen Lebensprozesses der Menschen auf seiner jeweiligen Entwicklungsstufe bestimmt wird, ging Marx zugleich über den spekulativen Idealismus hinaus. Gemeinsam mit Engels ging er daran, den vor allem in Deutschland verbreiteten Glauben an einen von den wirklichen Menschen unabhängigen Geist zu bekämpfen und eine an den tragenden Produktions- und Lebensverhältnissen orientierte Geschichtswissenschaft zu entwickeln. „Die Phrasen vom Bewußtsein hören auf, wirkliches Wissen muß an ihre Stelle treten. Die selbständige Philosophie verliert mit der Darstellung der Wirklichkeit ihr Existenzmedium."[38] Marx und Engels bezogen sich damit zwar auf den französischen Materialismus, verwarfen aber dessen mechanistische Weltsicht und insbesondere die Konstruktion der Geschichte im Sinne eines geradlinigen und unaufhaltsamen Fort-

---

[37] K. Marx, Thesen über Feuerbach, MEW Bd. 3, S. 6.
[38] K. Marx u. F. Engels, Die deutsche Ideologie, MEW Bd. 3, S. 27.

schritts, der sich aus der Erweiterung des Wissens und der technischen Mittel der Naturbeherrschung notwendig ergeben müsse. Einig mit dem Materialismus waren sie darin, daß die unmittelbare Produktion der Lebensmittel die erste Voraussetzung menschlicher Gesellschaft und folglich auch der Geschichte ist. „Man kann die Menschen durch das Bewußtsein, durch die Religion, durch was man sonst will, von den Tieren unterscheiden. Sie selbst fangen an, sich von den Tieren zu unterscheiden, sobald sie anfangen, ihre Lebensmittel zu produzieren." Diese Produktion impliziert zugleich eine bestimmte Lebensweise. „Wie die Individuen ihr Leben äußern, so sind sie. Was sie sind, fällt also zusammen mit ihrer Produktion, sowohl damit, *was* sie produzieren, als auch damit, *wie* sie produzieren."³⁹ Eine Population von Jägern lebt anders als eine von Bauern oder eine von seefahrenden Händlern, eine auf Subsistenzwirtschaft basierende anders als eine mit entwickeltem Tauschverkehr, und all diese Unterschiede schlagen durch auf die gesellschaftliche Organisation und Hierarchie.

Man kann die idealistische Voraussetzung eines metaphysischen Geschichtssubjekts und die materialistische Herleitung der Gesellschaft aus den Gesetzen der Mechanik gleichermaßen kritisieren, ohne in eine psychologische Geschichtsauffassung zu verfallen, welche die Ereignisse den Ambitionen, Launen und Fähigkeiten bestimmter Individuen, also psychischen Dispositionen angeblich „großer Männer" zuschreibt. Marx und Engels folgen Hegel durchaus in der Annahme einer überindividuellen Dynamik der Geschichte, die sie allerdings weder auf Gott noch auf die Naturgesetze, sondern auf die selber historischem Wandel unterliegenden Bedingungen der materiellen Produktion zurückführen, die Produktivkräfte und die Produktionsverhältnisse. Zu den Produktivkräften zählt man die technischen Mittel der Naturbeherrschung, das gesellschaftlich akkumulierte Wissen über Naturvorgänge, über Organisation, Differenzierung und Disziplinierung der Arbeit sowie die Entwicklung der Verkehrsmittel und -wege. Die Gesamtheit der Hierarchisierung und Gliederung der Gesellschaft in Gentilverbände, Stände und Klassen, der Teilung der Arbeit sowie

---

³⁹ L.c., S.21.

vor allem der Eigentums- und Rechtsordnung bezeichnet man als Produktionsverhältnisse. Produktivkräfte und Produktionsverhältnisse sind Objektivationen der geschichtlichen Aktion der vergesellschafteten Individuen, sie wirken wechselseitig aufeinander und bestimmen den Stand und das Tempo ihrer wirtschaftlichen und kulturellen Entwicklung. „Die Menschen machen ihre eigene Geschichte, aber sie machen sie nicht aus freien Stücken, nicht unter selbstgewählten, sondern unter unmittelbar vorgefundenen, gegebenen und überlieferten Umständen."[40] Denn die vorhandenen Produktivkräfte entspringen weder dem Willen der Menschen noch einer Gnade des Himmels, vielmehr sind sie das „Produkt früherer Tätigkeit", ein „Resultat der angewandten Energie der Menschen, doch diese Energie selbst ist begrenzt durch die Umstände, in welche die Menschen sich versetzt finden, durch die bereits erworbenen Produktivkräfte, durch die Gesellschaftsform, die vor ihnen da ist, die sie nicht schaffen, die das Produkt der vorhergehenden Generation ist. Dank der einfachen Tatsache, daß jede neue Generation die von der alten Generation erworbenen Produktivkräfte vorfindet, die ihr als Rohmaterial für neue Produktion dienen, entsteht ein Zusammenhang der Geschichte der Menschen, entsteht die Geschichte der Menschheit, die um so mehr Geschichte der Menschheit ist, je mehr die Produktivkräfte der Menschen und infolgedessen ihre gesellschaftlichen Beziehungen wachsen."[41] An den Knotenpunkten dieser Entwicklung geraten die gewachsenen Produktivkräfte in Widerstreit mit den überkommenen Produktionsverhältnissen. Funktionierten diese Verhältnisse bislang als Entwicklungsformen der Produktivkräfte, so schlagen sie nun in Fesseln derselben um, d. h., sie behindern und zerstören sukzessive die materielle Reproduktion der den unterdrückten Klassen angehörigen Individuen, anstatt sie auf ein höheres Niveau zu heben. Dieser Widerstreit drückt sich deshalb in einer Zuspitzung der Kämpfe zwischen den Klassen aus und kann zu den größten Zersetzungs- und Umwälzungsprozessen in der Gesellschaft führen.

[40] K. Marx, Der achtzehnte Brumaire des Louis Bonaparte, MEW Bd. 8, Berlin 1978, S. 115.
[41] K. Marx, Brief an P. W. Annenkow vom 28. Dez. 1846, MEW Bd. 4, Berlin 1980, S. 548.

Als klassisches Modell eines solchen Epochenbruchs gilt das Hervorgehen der bürgerlich-kapitalistischen Gesellschaft aus der ständisch-feudalen Ordnung. Weil eine solche Entwicklung „naturwüchsig vor sich geht, d. h. nicht einem Gesamtplan frei vereinigter Individuen subordiniert ist"[42], wird sie nicht bloß durch lokale und regionale Ungleichzeitigkeiten, sondern auch durch politische Widerstände und institutionelle Hemmnisse aufgehalten. So können, wie es in Frankreich geschehen ist, die Repräsentanten einer bereits untergegangenen Produktionsweise noch für eine gewisse Zeit die politische Macht behaupten und die Protagonisten der fortgeschrittenen Produktionsweise unterdrücken und schikanieren, bis sie durch eine Revolution gestürzt werden. In der Französischen Revolution kam der Klassenkampf mit solcher Gewalt zum Ausbruch, daß sich in wenigen Jahren die Anpassung der politischen Institutionen an die veränderten ökonomischen Verhältnisse vollzog, die das Ancien régime hundert Jahre lang aufgehalten hatte. In diesem Sinne nannte Marx die Revolutionen „Lokomotiven der Geschichte"[43]. Ziel dieser Umwälzung der Feudalordnung, die früher oder später mit mehr oder weniger Getöse in allen westeuropäischen Ländern ihren Lauf genommen hat, war die Herstellung der gesellschaftlichen Rahmenbedingungen der Kapitalverwertung. Dabei ging es in erster Linie um die Beseitigung feudaler Privilegien, Rechtsunsicherheiten sowie Beschränkungen des Handels, des Verkehrs und der Industrie, die der Entwicklung einer funktionierenden Nationalökonomie im Wege standen, schließlich aber auch um die Übernahme der politischen Macht durch die Bourgeoisie.

Kennzeichnend für die neue materialistische Auffassung ist die Einsicht, daß der geschichtliche Prozeß naturwüchsig verläuft, daß er also weder der Macht eines dynamischen Weltgeistes noch dem bewußten Willen frei assoziierter Individuen unterliegt, sondern in großen Zügen durch die dialektische Beziehung von Produktivkräften und Produktionsverhältnissen bestimmt wird. Auch diese letztere Beziehung ist freilich kein metaphysischer Bestim-

[42] K. Marx u. F. Engels, Die deutsche Ideologie, l. c., S. 72.
[43] K. Marx, Die Klassenkämpfe in Frankreich 1848 bis 1850, MEW Bd. 7, Berlin 1982, S. 85.

mungsgrund, der sich aus dem Begriff der dialektischen Negativität herleiten ließe und eine positive Spekulation über Verlauf und Resultat der Geschichte erlauben könnte.[44] Vielmehr ist sie als ein theoretisches Strukturprinzip zu verstehen, das von den wirklichen historischen Ereignissen und Verläufen abstrahiert ist und sich stets wieder an ihnen zu orientieren und zu bewähren hat.[45] Nur das „Studium des wirklichen Lebensprozesses und der Aktion der Individuen jeder Epoche"[46] vermag zu erhellen, wie und warum differenziertere Staats- und Gesellschaftsformen an die Stelle von weniger entwickelten getreten sind. Die wirklichen Ursachen jenes Prozesses, den Hegel optimistisch als „Fortschritt im Bewußtsein der Freiheit"[47] charakterisiert hat, erschließen sich erst dem wissenschaftlichen Blick auf die ökonomischen Potenzen und Verhältnisse der verschiedenen Epochen. Die Ansicht des alten Materialismus, daß das menschliche Leben im wesentlichen durch Naturvorgänge bestimmt werde, schränkten Marx und Engels nur dahingehend ein, daß diese Naturvorgänge in wachsendem Umfang gesellschaftlich modifiziert werden. Das bedeutet, daß die Naturgewalten den Menschen weniger unmittelbar und vermehrt in ihren gesellschaftlichen Verwandlungen begegnen. Während die Jägerhorde es noch mit roher Natur in Gestalt wilder Tiere zu tun bekommt, ist ein Acker, ein Olivenhain oder gar ein Weinberg kultivierte Natur, die schon durch den gesellschaftlichen Produktionsprozeß hindurchgegangen ist. Jedoch ist die Kultivierung der Natur nur um den Preis gesellschaft-

[44] Soweit die marxistisch-leninistische Orthodoxie später zu einer solchen Lesart übergegangen ist, handelt es sich um Verfälschungen in propagandistischer Absicht.

[45] „Diese Abstraktionen haben für sich, getrennt von der wirklichen Geschichte, durchaus keinen Wert. Sie können nur dazu dienen, die Ordnung des geschichtlichen Materials zu erleichtern, die Reihenfolge seiner einzelnen Schichten anzudeuten. Sie geben aber keineswegs, wie die Philosophie, ein Rezept oder Schema, wonach die geschichtlichen Epochen zurechtgestutzt werden können." (K. Marx u. F. Engels, Die deutsche Ideologie, l. c., S. 27.)

[46] L. c.

[47] G. W. F. Hegel, Vorlesungen über die Philosophie der Geschichte, l. c., S. 32.

licher Zwänge zu bewerkstelligen, die die Natur als solche nicht kennt. Verhältnisse wie die von Stadt und Land, Freien und Sklaven, von Kauf und Verkauf entstammen nicht der Natur, sondern der Gesellschaft. Der Begriff der Naturwüchsigkeit impliziert auch, daß die Menschen im Verlauf ihrer Entwicklung Naturzwänge nur bemeistern, indem sie neue, gesellschaftliche Zwänge an ihre Stelle setzen, die den Individuen allmählich so in Fleisch und Blut übergehen, daß sie schließlich zu einer „zweiten Natur" verknöchern. Zu diesen Zwängen gehören nicht nur die Produktions- und Eigentumsverhältnisse, sondern auch die politischen Institutionen sowie die sittlichen Tabus und kultischen Rituale. Ihre gemeinsame Funktion ist die Sicherung des Zusammenhalts der Gesellschaft und ihrer hierarchischen Gliederung. Die materialistische Geschichtsauffassung unterscheidet jedoch die primären Faktoren, die unmittelbar auf den Lebensprozeß der Individuen einwirken, von den „ideologischen Reflexen und Echos"[48], die er in ihrem Bewußtsein hervorruft. Faktoren wie die vorhandenen Produktivkräfte, notwendige Arbeitszeit, Teilung der Arbeit, Differenzierung der Klassen und ihre Stellung zum Produktionsprozeß, Entwicklung des Handels, Distributionsverhältnisse greifen unmittelbar in den materiellen Lebensprozeß der Individuen ein. Religiöse, moralische, juristische und politische Vorstellungen sind dagegen mehr oder weniger sublime Ausdrücke dieses Lebensprozesses im Bewußtsein der Individuen – Interpretationen, mit denen sie sich diesen Prozeß selbst erklären, die aber auch in notwendigen Täuschungen befangen bleiben. Diese Gestaltungen des Bewußtseins können zwar auf den Reproduktionsprozeß zurückwirken und insofern die Realität affizieren. In der materialistischen Geschichtsauffassung verlieren sie allerdings den Schein der Selbständigkeit. Religionen, Moralkodizes, juristische und politische Anschauungen entspringen jeweils einer bestimmten materiellen Verfassung der Gesellschaft und haben nur so lange Bestand, wie sie dieser einigermaßen angemessen sind. „Ganz im Gegensatz zur deutschen Philosophie, welche vom Himmel auf die Erde herabsteigt, wird hier von der Erde zum Himmel gestiegen."[49] Statt

---

[48] K. Marx u. F. Engels, Die deutsche Ideologie, l. c., S. 26.
[49] L. c.

einen allmächtigen Gott oder einen autonomen Geist vorauszusetzen und aus ihm die Wirklichkeit zu erklären, werden die religiösen und metaphysischen Welterklärungen selbst als höchst
erklärungsbedürftig durchschaut und deshalb auf den gesellschaftlichen Reproduktionsprozeß bezogen. „Diese Geschichtsauffassung beruht also darauf, den wirklichen Produktionsprozeß, und
zwar von der materiellen Produktion des unmittelbaren Lebens
ausgehend, zu entwickeln und die mit dieser Produktionsweise zusammenhängende und von ihr erzeugte Verkehrsform, also die
bürgerliche Gesellschaft in ihren verschiedenen Stufen, als Grundlage der ganzen Geschichte aufzufassen und sie sowohl in ihrer Aktion als Staat darzustellen, wie die sämtlichen verschiedenen theoretischen Erzeugnisse und Formen des Bewußtseins, Religion,
Philosophie, Moral etc. etc., aus ihr zu erklären und ihren Entste-
hungsprozeß aus ihnen zu verfolgen, wo dann natürlich auch die
Sache in ihrer Totalität (und darum auch die Wechselwirkung
dieser verschiednen Seiten aufeinander) dargestellt werden
kann."[50]

Die wissenschaftliche Darstellung kommt allerdings post festum
und kann in den naturwüchsigen Lauf der Geschichte nicht ein-
greifen. Sie bleibt die Hegelsche „Eule der Minerva"[51], die erst in
der Dämmerung ihren Flug beginnt, solange kein gesellschaftliches Gesamtsubjekt existiert. Wie die Naturwüchsigkeit der Geschichte sich nach ihrer objektiven Seite darin ausdrückt, daß die
Individuen das Niveau und die Organisation ihrer gesellschaftlichen Reproduktion nicht frei wählen und bestimmen können, so
zeigt sie sich nach ihrer subjektiven Seite in den widerstreitenden
Interessen, in der Konkurrenz zwischen den Individuen, Cliquen
und Staaten sowie den Kämpfen zwischen den Klassen. Marx und
Engels haben das Klassenverhältnis als Grundstruktur der Herrschaft begriffen und die „Geschichte aller bisherigen Gesellschaft" als „Geschichte von Klassenkämpfen" bezeichnet. „Freier
und Sklave, Patrizier und Plebejer, Baron und Leibeigener, Zunftbürger und Gesell, kurz, Unterdrücker und Unterdrückte standen

---

[50] L. c., S. 37 f.
[51] G. W. F. Hegel, Grundlinien der Philosophie des Rechts; l. c.,
S. 28.

in stetem Gegensatz zueinander, führten einen ununterbrochenen, bald versteckten, bald offenen Kampf, einen Kampf, der jedesmal mit einer revolutionären Umgestaltung der ganzen Gesellschaft endete oder mit dem gemeinsamen Untergang der kämpfenden Klassen."[52] Die Klassenherrschaft erscheint nach außen als Hierarchisierung der Gesellschaft in zahlreiche Stände, z.B. Patrizier, Ritter, Plebejer, Sklaven im Römischen Reich oder König, Feudalherren, Vasallen, Zunftbürger, Gesellen, freie und leibeigene Bauern sowie daneben noch eine besondere geistliche Linie in der mittelalterlichen Feudalordnung. Mag die Klassenherrschaft im Lauf der Geschichte ihre äußere Gestaltung auch gewandelt haben – ihr Prinzip ist durch die verschiedenen Epochenwechsel hindurch das gleiche geblieben: private Aneignung gesellschaftlichen Mehrprodukts durch Ausbeutung fremder Arbeit. In der bisherigen Geschichte, die nicht nach der freien Übereinkunft der vergesellschafteten Individuen gestaltet, sondern von der materiellen Not und vom blinden Zwang undurchschauter Herrschaftsverhältnisse diktiert worden ist, hat immer nur eine neue Klassenherrschaft die vorangegangene abgelöst. Marx nannte sie deshalb polemisch die „Vorgeschichte der menschlichen Gesellschaft"[53] – im Kontrast zu einer klassenlosen Gesellschaft, in der die assoziierten Individuen das autonome Subjekt ihrer Geschichte wären.

Auch die moderne bürgerliche Gesellschaft hat die Klassengegensätze nicht überwunden, sondern lediglich vereinfacht. Die Trennung der unmittelbaren Produzenten von den Produktionsmitteln und die Konzentration derselben in der Hand einer Klasse, welche die kapitalistische Organisation der Wirtschaft erst ermöglicht hat, drückt die Masse der Bevölkerung auf den Status von Proletariern herab, die nichts zu verkaufen haben als ihre Arbeitskraft. Die Gesellschaft spaltet sich tendenziell „in zwei große feindliche Lager, in zwei große, einander direkt gegenüberstehende Klassen: Bourgeoisie und Proletariat".[54] Die Bourgeoisie

---

[52] K. Marx u. F. Engels, Manifest der kommunistischen Partei, MEW Bd. 4, S. 462.

[53] K. Marx, Zur Kritik der politischen Ökonomie, MEW Bd. 13, S. 9.

[54] K. Marx u. F. Engels, Manifest der kommunistischen Partei, l.c., S. 463.

verfügt über die Produktionsmittel und diktiert daher die Bedingungen der Produktion und die Verteilung der Produkte, während die Proletarier darauf angewiesen sind, ihre Arbeitskraft zu verkaufen, um zu überleben. Die große Zahl der Proletarier und ihre materielle Not zwingt sie zur Konkurrenz untereinander und verschlechtert ihre Lage als Klasse. Die Akkumulation des Reichtums in den Händen der Bourgeoisie geht einher mit wachsendem Elend am sozialen Gegenpol, und dieses Verhältnis garantiert zugleich den Nachschub an billigen Arbeitskräften.

Marx und Engels gelangten zu der Auffassung, daß die bürgerlich-kapitalistische Gesellschaft zwar den Klassengegensatz auf die Spitze treibt, aber durch ihre eigene ökonomische Bewegung auch die „materiellen Elemente"[55] seiner schließlichen Aufhebung hervorbringt. „Die Bourgeoisie hat in ihrer kaum hundertjährigen Klassenherrschaft massenhaftere und kolossalere Produktionskräfte geschaffen als alle vergangenen Generationen zusammen."[56] Dies ist das objektive Element der Revolution, die enorme Produktion von Produktivität, die zum Mittel werden kann, den gesellschaftlichen Reichtum zu verallgemeinern, statt ihn in den Händen weniger zu maximieren. Die vom Kapital entfesselte Produktivität gibt der Gesellschaft an sich die Macht, der Not Herr zu werden, das Lebensniveau der Masse der Produzenten deutlich anzuheben und die Arbeitszeit zu reduzieren. Die Tatsache, daß eben dies nicht geschieht, ruft das subjektive Element der Revolution auf den Plan: die „Klasse mit radikalen Ketten", die der Verelendung anheimfällt inmitten des Reichtums, den sie immerzu produzieren muß. „Wenn das Proletariat die Auflösung der bisherigen Weltordnung verkündet, so spricht es nur das Geheimnis seines eignen Daseins aus, denn es ist die faktische Auflösung dieser Weltordnung."[57]

Mit dieser Klasse, der Klasse der arbeitenden Menschen, die durch die kapitalistische Vernutzung ihrer Arbeitskraft zugleich

---

[55] K. Marx u. F. Engels, Die deutsche Ideologie, l. c., S. 38.
[56] K. Marx u. F. Engels, Manifest der kommunistischen Partei, l. c., S. 467.
[57] K. Marx, Zur Kritik der Hegelschen Rechtsphilosophie. Einleitung, l. c., S. 390 f.

am Leben erhalten und entmenscht wurden, die den Reichtum hervorbrachten, ohne an ihm teilzuhaben, und die ein existentielles Interesse an der Umwälzung der Verhältnisse haben mußten, glaubten Marx und Engels das historische Subjekt vor Augen zu haben, das alle Klassenherrschaft stürzen werde. Marx lernte die bedrückenden Lebensverhältnisse des Proletariats während seines Pariser Exils kennen. Engels hatte schon eine bedeutende Studie über die Situation der Klassen in England veröffentlicht und darin ein düsteres Bild der unersättlichen, alle sittlichen Schranken niederreißenden Gier der kapitalistischen Bourgeoisie, ihrer rücksichtslosen und menschenverachtenden Ausbeutung der arbeitenden Klasse und deren verzweifelter Lage gezeichnet. Sein Fazit: Weil die bürgerliche Gesellschaft dem Proletariat schlichtweg keine Lebensperspektive gebe, könne es sich nur durch Revolution diese Perspektive zurückerobern. 1848 schien die proletarische Revolution kurz bevorzustehen. Die Bourgeoisie, so heißt es im ›Kommunistischen Manifest‹, könne der Gesellschaft nicht länger die Lebensbedingungen ihrer Klasse als regelndes Gesetz aufzwingen, „weil sie unfähig ist, ihrem Sklaven die Existenz selbst innerhalb seiner Sklaverei zu sichern, weil sie gezwungen ist, ihn in eine Lage herabsinken zu lassen, wo sie ihn ernähren muß, statt von ihm ernährt zu werden". Der Fortschritt der Industrie und die Konzentration des Reichtums in den Händen weniger Kapitalisten mache den Proletariern ihre Klassenlage bewußt und führe sie zu ihrer „revolutionären Vereinigung durch die Assoziation. Mit der Entwicklung der großen Industrie wird also unter den Füßen der Bourgeoisie die Grundlage selbst hinweggezogen, worauf sie produziert und die Produkte sich aneignet. Sie produziert vor allem ihren eigenen Totengräber. Ihr Untergang und der Sieg des Proletariats sind gleich unvermeidlich."[58]

Nach der Erfahrung der fehlgeschlagenen 1848er Revolution sind Marx und Engels von dieser Naherwartung der Revolution wieder abgerückt. Ihre theoretischen Überlegungen zum universellen Charakter und zu den verschiedenen Stufen der proletari-

---

[58] K. Marx u. F. Engels, Manifest der kommunistischen Partei, l. c., S. 473 f.

schen Revolution seien aber noch kurz skizziert. – „Der Kommunismus unterscheidet sich von allen bisherigen Bewegungen dadurch, daß er die Grundlage aller bisherigen Produktions- und Verkehrsverhältnisse umwälzt und alle naturwüchsigen Voraussetzungen zum ersten Mal mit Bewußtsein als Geschöpfe der bisherigen Menschen behandelt, ihrer Naturwüchsigkeit entkleidet und der Macht der vereinigten Individuen unterwirft. Seine Einrichtung ist daher wesentlich ökonomisch, die materielle Herstellung der Bedingungen dieser Vereinigung."[59] Ernsthafte Erfolgsaussichten kann eine kommunistische Revolution nur als „Tat der herrschenden Völker ‘auf einmal’ und gleichzeitig" haben; das heißt, sie muß von den Proletariern in den am weitesten entwickelten Ländern parallel durchgeführt werden, und zwar aus zwei Gründen. Erstens kann die „kommunistische Regelung der Produktion" nur auf Basis fortgeschrittenster Produktivkraft Bestand haben, weil sonst „nur der Mangel verallgemeinert, also mit der Notdurft auch der Streit um das Notwendige wieder beginnen und die ganze alte Scheiße sich herstellen müßte".[60] Zweitens muß die kommunistische Revolution in globaler Dimension vorangehen, weil sonst der Kommunismus eine regional beschränkte Angelegenheit bliebe, in Konkurrenz zu weiter kapitalistisch wirtschaftenden Ländern stünde und damit selbst in den kapitalistischen Weltmarkt hineinfiele, statt ihn aufzuheben. Statt die vom Kapitalismus entfesselte wirtschaftliche Dynamik der bewußten Kontrolle der Gesellschaft zu unterwerfen, würde er ihr hinterherhinken, von ihr durchdrungen und schließlich liquidiert werden: wie die Geschichte des Staatssozialismus es gezeigt hat. – Der erste Schritt einer erfolgreichen Revolution wäre „die Erhebung des Proletariats zur herrschenden Klasse, die Erkämpfung der Demokratie".[61] Die abstrakte Unterscheidung von Demokratie und Diktatur als zweier gegensätzlicher Regierungsformen erkennen Marx und Engels nicht an. Was die Bourgeoisie Demokratie nennt, die Selbstverständigung über ihr Klasseninteresse in einem

[59] K. Marx u. F. Engels, Die deutsche Ideologie, l. c., S. 70.
[60] L.c., S. 34f.
[61] K. Marx u. F. Engels, Manifest der kommunistischen Partei, l. c., S. 481.

gewählten Parlament inklusive rechtsstaatlicher Garantien, ist aus der Perspektive des Proletariats nur die auf einer bestimmten Entwicklungsstufe effektivste Form der Bourgeoisdiktatur. Demokratie bedeutet Herrschaft des Volkes, und jede Herrschaft ist eine Klassenherrschaft, das heißt, sie repräsentiert das Interesse einer besonderen Klasse. Demokratie ist folglich die Herrschaft derjenigen Klasse, der die große Majorität des Volkes angehört, und diese Klasse ist vom Beginn des Hochkapitalismus an das Proletariat. Deshalb wäre die revolutionäre Diktatur des Proletariats die Verwirklichung der Demokratie und hätte nichts zu tun mit den finsteren Militärdiktaturen des zwanzigsten Jahrhunderts, die von Figuren wie Franco, Salazar, Pinochet oder Pol Pot angeführt werden und ihren Terror durch Berufung auf die Ordnung, die Bekämpfung der Korruption, den Sozialismus, den Koran und wer weiß was zu legitimieren versuchen. Wenn Marx und Engels von Diktatur sprechen, handelt es sich um die Diktatur einer Klasse, die sich geeignete Institutionen zur Verständigung über ihr geschichtliches Interesse und ihre politischen Ziele aufbauen wird, und jedenfalls nicht um die Diktatur einer Clique oder eines einzelnen Despoten. „Das Proletariat wird seine politische Herrschaft dazu benutzen, der Bourgeoisie nach und nach alles Kapital zu entreißen, alle Produktionsinstrumente in den Händen des Staats, d. h. des als herrschende Klasse organisierten Proletariats, zu zentralisieren und die Masse der Produktionskräfte möglichst rasch zu vermehren."[62] Im Zentrum der revolutionären Maßnahmen steht die Umwandlung des privaten Eigentums an Produktionsmitteln in gesellschaftliches und die damit einhergehende Änderung der Produktion und Distribution. Flankiert werden diese großen Umwälzungen von einer Beschränkung der Arbeitszeit, einer Egalisierung der sozialen und medizinischen Versorgung, der Besteuerung, des Versicherungswesens sowie der Aufgabe aller imperialistischen Ansprüche nach außen und der damit verbundenen drastischen Senkung der Militäraufwendungen. Die Diktatur des Proletariats versteht sich als Mittel, das gesellschaftliche Leben auf einer höheren Stufe zu organisieren, und nicht als selbständiger Zweck. Geht es in den Anfängen darum, die politi-

[62] L.c.

sche Macht in den Händen der arbeitenden Klasse zu konzentrieren, dann zu dem Zweck, diese Macht überflüssig zu machen und schließlich ganz aufzulösen. „Sind im Laufe der Entwicklung die Klassenunterschiede verschwunden und ist alle Produktion in den Händen der assoziierten Individuen konzentriert, so verliert die öffentliche Gewalt den politischen Charakter. Die politische Gewalt im eigentlichen Sinne ist die organisierte Gewalt einer Klasse zur Unterdrückung einer andern. Wenn das Proletariat im Kampfe gegen die Bourgeoisie sich notwendig zur Klasse vereint, durch eine Revolution sich zur herrschenden Klasse macht und als herrschende Klasse gewaltsam die alten Produktionsverhältnisse aufhebt, so hebt es mit diesen Produktionsverhältnissen die Existenzbedingungen des Klassengegensatzes, die Klassen überhaupt, und damit seine eigene Herrschaft als Klasse auf. An die Stelle der alten bürgerlichen Gesellschaft mit ihren Klassen und Klassengegensätzen tritt eine Assoziation, worin die freie Entwicklung eines jeden die Bedingung für die freie Entwicklung aller ist."[63]

[63] L.c., S. 482.

3. Kritik der politischen Ökonomie

Zum klassischen Modell kritischer Theorie

Die Ereignisse von 1848 hatten gezeigt, daß die Polarisierung von Reichtum und Elend wohl partielle Aufstände und Revolutionen der arbeitenden Klasse provoziert, an denen sich auch Bauern und unzufriedene Kleinbürger beteiligten. Der Bewußtseinsstand und politische Organisationsgrad des Proletariats entsprach allerdings bei weitem noch nicht den Erfordernissen einer universellen Revolution, welche imstande wäre, die bürgerliche Produktionsweise von Grund auf zu verändern. In Deutschland scheiterte selbst die politische Emanzipation der Bourgeoisie an der mangelnden Klarheit über ihre Ziele und ihrem zu gutmütigen und respektvollen Umgang mit der militärischen Macht der spätfeudalen Obrigkeitsstaaten. Marx wandte sich im englischen Exil wieder ökonomischen Studien zu, weil er überzeugt war, daß sich das Schicksal der bürgerlichen Gesellschaft auf dem Gebiet der Ökonomie entscheiden werde. Seine Arbeit blieb allerdings auf die Idee der Menschheit als freies Geschichtssubjekt bezogen. In einer Zeit des erzwungenen Klassenfriedens versuchte er, das objektive, passive Element der Revolution theoretisch schärfer zu fassen und die Vergänglichkeit des Kapitalismus an dessen immanenter Dynamik zu demonstrieren. Dieser Gedanke hat die Kritik der politischen Ökonomie motiviert.

Kritik der politischen Ökonomie, das bedeutet in einem umfänglichen Sinne Kritik der modernen, kapitalistischen Gesellschaft, in der die Ökonomie zum Dreh- und Angelpunkt allen sozialen und politischen Geschehens wird und die Menschen zwingt, die Vielzahl ihrer eigenen Ansprüche und Interessen bedingungslos ökonomischen Belangen unterzuordnen und andere Individuen einzig unter der Perspektive ihrer ökonomischen Potenzen zu beurteilen, sie also primär als Konkurrenten anzusehen. In einem spezifischeren Sinne meint Kritik der politischen Ökonomie eine Kritik der bürgerlichen Nationalökonomie, welche die kapitalistische Wirtschaft als selbstregulatives System darstellt, das nach feststehenden immanenten Gesetzen funktioniere wie die Bewegung der Körper in der Mechanik. Marx hatte erkannt, daß die Unzulänglichkeit der wissenschaftlichen Theorien nur im Zusammenhang mit den Ungereimtheiten der kapitalistischen Wirtschaft selber angemessen kritiert werden kann. Die Kritik der politischen Ökonomie begreift die Ideologie, deren reifste Gestalt die Nationalökonomie ist, als notwendiges Moment einer gesellschaftlichen Totalität, die auf dem ökonomisch verkleideten Klassenantagonismus beruht. Durch diese mit allen Wassern spekulativer Dialektik gewaschene Methode, die verkehrte Wirklichkeit und das falsche Bewußtsein von ihr *in einem* darzustellen und zu kritisieren, wurde die Marxsche Kritik zum klassischen Modell kritischer Theorie.

Die Kritik der politischen Ökonomie beruht auf einer objektiven Werttheorie. Sie beginnt mit der Analyse des Werts, der Verselbständigung des Werts im Geld und der Verwandlung des Geldes in Kapital. „Der Reichtum der Gesellschaften, in welchen kapitalistische Produktionsweise herrscht, erscheint als eine 'ungeheure Warensammlung', die einzelne Ware als seine Elementarform."[64] Kein Ding ist von Natur aus Ware. Warenform nimmt ein Gebrauchsgegenstand nur im Tausch gegen einen anderen an. Der Tausch ist ein Verhältnis von in Gesellschaft lebenden Menschen, die Warenform also eine gesellschaftliche Bestimmung. Jedes Ding erscheint in gedoppelter Gestalt, sobald es zur Ware wird; erstens in seiner materiellen Beschaffenheit, der es seine Funktionalität im praktischen Gebrauch, seinen Gebrauchswert, verdankt; zweitens in seiner Beziehung auf andere Dinge, seiner Austauschbarkeit, der es seinen Wert verdankt. Das Prinzip des Äquivalents, der Gleichwertigkeit, ist eine logische Voraussetzung des Tauschs, denn niemand möchte mehr geben als er erhält. Der Tausch ist ein Vergleich materiell verschiedener Gegenstände und erfordert daher einen gemeinsamen Bezugspunkt, ein Tertium comparationis. Alle nützlichen Gegenstände, so verschieden sie nach ihrer

---

[64] K. Marx, Das Kapital, Bd. 1, MEW Bd. 23, Berlin 1980, S. 49.

stofflichen Seite auch sein mögen, haben dies gemeinsam, daß sie Produkte menschlicher Arbeit sind. Die in ihnen inkorporierte Arbeit macht ihren *Wert* aus und bildet das Tertium comparationis im Tausch. Während der Gebrauchswert der Ware aus der konkreten Arbeit bestimmter Individuen hervorgeht, konstituiert sich der Wert gerade durch Abstraktion von dieser konkreten Arbeit. Indem die Produzenten „ihre verschiedenartigen Produkte einander im Austausch als Werte gleichsetzen, setzen sie ihre verschiednen Arbeiten einander als menschliche Arbeit gleich. Sie wissen das nicht, aber sie tun es."[65] Damit abstrahieren sie von ihrer konkreten Arbeit. Als Quanta abstrakt menschlicher Arbeit werden die Produkte kommensurabel. Sobald mit der Entwicklung kapitalistischer Produktionsweise die große Masse der Produktionsmittel und Konsumgüter von vornherein als Waren für den Markt produziert werden, beginnen sich bestimmte durchschnittliche Arbeitswerte für jedes Produkt herauszukristallisieren. Die Wertgröße eines Produkts bestimmt sich durch die darin enthaltene gesellschaftlich notwendige Arbeit oder die zu seiner Herstellung auf dem durchschnittlich erreichten Produktivitätsniveau notwendige Arbeitszeit. Dieses *Wertgesetz* ist das Grundgesetz der kapitalistischen Ökonomie. Es reguliert nach und nach den gesamten Warenaustausch auf dem Weltmarkt, einschließlich der durch die Konkurrenz der Kapitalien bewirkten Ausgleichung der Profitrate und der damit einhergehenden Modifikation der Warenwerte in den realen Tauschverhältnissen.

In einer subtilen Analyse der Wertform der Ware stellt Marx die Verselbständigung des Werts im Geld dar. Nur im Verhältnis verschiedener Waren zueinander konstituiert sich deren Wertform. Weil „keine Ware sich auf sich selbst als Äquivalent beziehn, also auch nicht ihre eigne Naturalhaut zum Ausdruck ihres eignen Werts machen kann",[66] muß der Wert einer Ware relativ ausgedrückt werden, in anderer Ware, die als Äquivalent fungiert, indem sie dem Wertausdruck der ersten als Material dient. Sobald der Tauschverkehr historisch über den gelegentlichen Tausch von Überschußprodukten hinausgeht und sich feste Marktstruktu-

---

[65] L.c., S. 88.
[66] L.c., S. 71.

ren bilden, fällt die Äquivalentfunktion gewohnheitsmäßig bestimmten Waren zu, z. B. dem Vieh oder dem Korn. Nach und nach verschmilzt die Äquivalentform mit der Naturalform einer besonderen Warenart. „Aber nur die gesellschaftliche Tat kann eine bestimmte Ware zum allgemeinen Äquivalent machen. Die gesellschaftliche Aktion aller andren Waren schließt daher eine bestimmte Ware aus, worin sie allseitig ihre Werte darstellen. Dadurch wird die Naturalform dieser Ware gesellschaftlich gültige Äquivalentform."[67] Die höchste Stufe der Verallgemeinerung des Äquivalents ist die Geldform. Als Geld figurierte in der Antike vorwiegend das Silber, in der Neuzeit das Gold. Die Naturalform der Geldware muß ihrem praktischen Zweck, Wert handlich zu repräsentieren und zu konservieren, entsprechen.[68]

Unter der Form des Äquivalents gibt sich der Wert, der ja nur ein gesellschaftliches Verhältnis der Produzenten ausdrückt, den Schein des Ansichseins. Es scheint, als sei die Äquivalentware unmittelbar, von Natur aus Wert. Als klingende Münze nimmt der Wert sogar eine handfest gegenständliche Gestalt an. Man kann ihn mit sich herumtragen oder aufbewahren, um je nach Lust und Laune die Puppen tanzen zu lassen. Die „metaphysischen Grillen" der Ware rühren daher, daß sie den Produzenten ihr eigenes durch ihre Arbeit vermitteltes gesellschaftliches Verhältnis „als ein außer ihnen existierendes gesellschaftliches Verhältnis von Gegenständen" vorgaukelt. „Durch dies Quidproquo werden die Arbeitsprodukte Waren, sinnlich übersinnliche oder gesellschaftliche Dinge." Diesen „gegenständlichen Schein der gesellschaftlichen Charaktere der Arbeit" nennt Marx den Warenfetischismus, „der den Arbeitsprodukten anklebt, sobald sie als Waren produziert werden, und der daher von der Warenproduktion unzertrennlich ist".[69] Die Ideologie wird hier nicht äußerlich als Propaganda der

---

[67] L.c., S. 101.

[68] Daß mit der Entwicklung des Kreditwesens ein Prozeß eingesetzt hat, in welchem sich das Geld ganz von der Naturalform einer bestimmten Ware ablöst und durch Banknoten, Wechsel, Schuldscheine, schließlich durch über Kartensysteme abrufbare elektronische Daten repräsentiert wird, kommt hier noch nicht in Betracht.

[69] K. Marx, Das Kapital, Bd.1, l.c., S. 85–88.

herrschenden Klasse, sondern immanent als notwendiger, aus der Produktionsweise selbst hervorgehender Schein kritisiert.

Statt in der Manier der bürgerlichen Nationalökonomie Ware, Geld und Kapital dogmatisch vorauszusetzen und auf der Basis dieser willkürlichen Voraussetzung das Klasseninteresse der Bourgeoisie, das am Profit nämlich, für eine Natureigenschaft des Menschen zu erklären, geht es Marx darum, der „Befestigung dieses falschen Scheins" auf die Spur zu kommen, die Geldform als Verknöcherung des Werts und diesen genetisch aus dem Tauschverhältnis zu begreifen. Wenn eine spezifische Warenart als Geld allgemein anerkannt ist, dann ist der Schein schon komplett. „Die vermittelnde Bewegung verschwindet in ihrem eignen Resultat und läßt keine Spur zurück. Ohne ihr Zutun finden die Waren ihre eigne Wertgestalt fertig vor als einen außer und neben ihnen existierenden Warenkörper. Diese Dinge, Gold und Silber, wie sie aus den Eingeweiden der Erde herauskommen, sind zugleich die unmittelbare Inkarnation aller menschlichen Arbeit. Daher die Magie des Geldes."[70] Zu dieser Magie des Geldes gehört nicht nur das Verhältnis unmittelbarer Austauschbarkeit mit jeder anderen Ware, sondern auch seine Eigenschaft, sich in Kapital verwandeln zu können. – Wie geht das vor sich?

Die erste Funktion des Geldes besteht darin, „der Warenwelt das Material ihres Wertausdrucks zu liefern oder die Warenwerte als gleichnamige Größen, qualitativ gleiche und quantitativ vergleichbare, darzustellen".[71] Das Geld dient also als Maß der Werte. Die Waren werden aber nicht erst durch das Geld kommensurabel. Umgekehrt – weil sie im Tausch als Werte gleichgesetzt werden und dadurch Warenform annehmen – kann sich im Verlauf einer langen Entwicklung der eine Pol des Wertausdrucks, das Äquivalent, im Geld verselbständigen. Zweitens fungiert das Geld als Schmiermittel der Warenzirkulation, die es vereinfacht und beschleunigt. Als Materiatur des Äquivalents tritt es zwischen beliebige Waren und vermittelt deren Austausch. Die „gegensätzlichen Formen der Waren", Gebrauchswert und Wert, werden zu „wirklichen Bewegungsformen ihres Austauschprozes-

[70] L. c., S. 107.
[71] L. c., S. 109.

ses".[72] Ware – Geld – Ware. Abstrakt erscheint der Binnenmarkt einer Nationalökonomie als Summe aller aufeinanderfolgenden, sich wechselseitig bedingenden und durchdringenden Warenmetamorphosen. Die ungeheuren Zirkulationsbewegungen moderner Märkte können nur mit Hilfe des Geldes vollzogen werden, und es nimmt dabei nur ein recht kleiner Teil des umlaufenden Geldes die Form von klingender Münze oder Banknoten, ein stets wachsender Teil aber die Form von Schuldverschreibungen oder bloßen Rechengeldes in einem komplexen Kreditsystem an. Im Maße, wie sich die nationalen Märkte zum Weltmarkt vernetzen und die Waren ihren Wert universell entfalten, wird schließlich auch das Geld zum Weltgeld. „Erst auf dem Weltmarkt funktioniert das Geld in vollem Umfang als die Ware, deren Naturalform zugleich unmittelbar gesellschaftliche Verwirklichungsform der menschlichen Arbeit in abstracto ist. Seine Daseinsweise wird seinem Begriff adäquat. (...) Das Weltgeld funktioniert als allgemeines Zahlungsmittel, allgemeines Kaufmittel und absolut gesellschaftliche Materiatur des Reichtums überhaupt (universal wealth)."[73] Zu Marx' Zeiten war das Weltgeld im Gold repräsentiert. Nach der Ablösung des Geldwerts vom Goldwert übernahm der amerikanische Dollar als Leitwährung auf dem Weltmarkt vorübergehend die Funktion des Weltgeldes. Wegen zeitweise starker Schwankungen des US-Dollars haben inzwischen auch einige andere relativ stabile Währungen (Schweizer Franken, Deutsche Mark, Yen etc.) Weltgeldfunktion bekommen.

„Die Warenzirkulation ist der Ausgangspunkt des Kapitals. Warenproduktion und entwickelte Warenzirkulation, Handel, bilden die historischen Voraussetzungen, unter denen es entsteht. Welthandel und Weltmarkt eröffnen im 16. Jahrhundert die moderne Lebensgeschichte des Kapitals."[74] Neben der unmittelbaren Form der Warenzirkulation, Ware – Geld – Ware, findet sich eine weitere, die deren Negation bildet: Geld – Ware – Geld. In dieser umgekehrten Zirkulationsbewegung hat sich auch der Zweck verkehrt. Man kauft, um zu verkaufen, anstatt zu verkaufen, um zu

---

[72] L. c., S. 119.
[73] L. c., S. 156 f.
[74] L. c., S. 161.

kaufen. Geld, das sich mit dem Kalkül in Ware verwandelt, daß es sich wieder in Geld, und zwar in mehr Geld zurückverwandle, ist seiner Bestimmung nach Kapital. Ginge es um bloßen Formwechsel, dann wäre die Bewegung Geld – Ware – Geld tautologisch und könnte niemanden begeistern. Nur weil ein Gewinn herausspringt, weil die beim Kauf der Ware vorgeschossene Geldsumme nach ihrem Verkauf mit einem Inkrement in die Hand ihres Eigentümers zurückkehrt, ist die Sache überhaupt von Interesse. „Dieses Inkrement oder den Überschuß über den ursprünglichen Wert" nennt Marx „Mehrwert (surplus value). Der ursprünglich vorgeschoßne Wert erhält sich daher nicht nur in der Zirkulation, sondern in ihr verändert er seine Wertgröße, setzt einen Mehrwert zu oder verwertet sich. Und diese Bewegung verwandelt ihn in Kapital."[75]

Während die einfache Warenzirkulation der Aneignung von Gebrauchswerten, also der Befriedigung von Bedürfnissen dient, ist die Zirkulation des Geldes als Kapital „Selbstzweck, denn die Verwertung des Werts existiert nur innerhalb dieser stets erneuerten Bewegung. Die Bewegung des Kapitals ist daher maßlos."[76] Unter der Form des Kapitals hat die Verselbständigung des Werts gegen die gesellschaftliche Aktion der Produzenten, der er entspringt, eine neue Stufe erreicht. Der Wert wird ungreifbar als Ware oder als Geld, weil er beides und doch keines von beiden ist. Er verwandelt sich in ein „automatisches Subjekt (. . .) eines Prozesses, worin er unter dem beständigen Wechsel seiner Formen von Geld und Ware seine Größe selbst verändert, sich als Mehrwert von sich selbst als ursprünglichem Wert abstößt, sich selbst verwertet. Denn die Bewegung, worin er Mehrwert zusetzt, ist seine eigne Bewegung, seine Verwertung also Selbstverwertung. Er hat die okkulte Qualität erhalten, Wert zu setzten, weil er Wert ist. Er wirft lebendige Junge oder legt wenigstens goldne Eier. (. . .) Der Wert wird also prozessierender Wert, prozessierendes Geld und als solches Kapital. Er kommt aus der Zirkulation her, geht wieder in sie ein, erhält und vervielfältigt sich in ihr, kehrt vergrößert aus ihr zurück und beginnt denselben Kreislauf stets wieder von neuem.

[75] L. c., S. 165.
[76] L. c., S. 167.

G – G', geldheckendes Geld – money which begets money – lautet die Beschreibung des Kapitals im Munde seiner ersten Dolmetscher, der Merkantilisten."[77] Als bewußter Agent der Verwertung des Werts wird der Geldbesitzer Kapitalist. „Soweit wachsende Aneignung des abstrakten Reichtums das allein treibende Motiv seiner Operationen, funktioniert er als Kapitalist oder personifiziertes, mit Willen und Bewußtsein begabtes Kapital."[78] Er wirft beständig Geld in die Zirkulation, verwandelt es in Ware, damit es mit Früchten beladen zu ihm zurückkehrt. Wo und auf welche Weise der Mehrwert innerhalb dieser Bewegung entsteht, ist allerdings immer noch rätselhaft. Denn die Zirkulationssphäre, der Markt beruht auf dem Prinzip des Äquivalententauschs. Und wo Äquivalente getauscht werden, bleibt der Wert konstant. Auch die Hypothese, der Mehrwert resultiere aus einem Preisaufschlag des Verkäufers auf den Wert der Ware, ist nicht erklärungskräftig. Der Verkäufer hätte sich auf Kosten des Käufers einen Vorteil verschafft. Da aber alle Wirtschaftssubjekte auf dem Markt kaufen und verkaufen, müßten sie als Käufer verlieren, was sie als Verkäufer gewinnen, und der Mehrwert wäre perdu. Auch Betrug scheidet als Erklärung aus, denn eine ganze Nationalökonomie kann sich nicht selbst übers Ohr hauen. Marx schließt daraus, „daß der Mehrwert nicht aus der Zirkulation entspringen kann, bei seiner Bildung also etwas hinter ihrem Rücken vorgehn muß, das in ihr selbst unsichtbar ist". Ohne die Zirkulation kann die Verwandlung von Geld in Kapital aber auch nicht funktionieren. „Unser nur noch als Kapitalistenraupe vorhandner Geldbesitzer muß die Waren zu ihrem Wert kaufen, zu ihrem Wert verkaufen und dennoch am Ende des Prozesses mehr Wert herausziehn, als er hineinwarf. Seine Schmetterlingsentfaltung muß in der Zirkulationssphäre und muß nicht in der Zirkulationssphäre vorgehn."[79]

Dieser Widerspruch läßt sich nur auflösen, wenn es gelingt, „auf dem Markt eine Ware zu entdecken, deren Gebrauchswert (...) die eigentümliche Beschaffenheit besäße, Quelle von Wert zu sein,

[77] L. c., S. 169 f.
[78] L. c., S. 167 f.
[79] L. c., S. 179–181.

deren wirklicher Verbrauch also selbst Vergegenständlichung von Arbeit wäre, daher Wertschöpfung. Und der Geldbesitzer findet auf dem Markt eine solche spezifische Ware vor – das Arbeitsvermögen oder die Arbeitskraft." Deren Angebot auf dem Markt hängt ab von der Existenz des freien Lohnarbeiters, der frei ist „in dem Doppelsinn, daß er als freie Person über seine Arbeitskraft als seine Ware verfügt, daß er andrerseits andre Waren nicht zu verkaufen hat, los und ledig, frei ist von allen zur Verwirklichung seiner Arbeitskraft nötigen Sachen".[80] Denn wer selbst Produktionsmittel besitzt, hat es nicht nötig, seine Arbeitskraft einem anderen zu verkaufen. Er kann produzieren und das fertige Produkt auf den Markt tragen. Wer aber nichts hat außer seiner Arbeitskraft, muß durch ihren Verkauf das Geld erwerben, mit welchem er seine Lebensmittel kauft. Seine ökonomische Bewegung entspricht der einfachen Warenzirkulation: W – G – W. Wer dagegen über Geld oder Produktionsmittel verfügt, ist an sich schon Kapitalist. Er hat das Privileg, kaufen zu können, um zu verkaufen und dabei den Mehrwert einzustecken. Er kann vom Überschuß seiner ökonomischen Bewegung G – W – G' leben, der ihm als Revenue zufällt – und zwar wesentlich besser als der Lohnarbeiter. Offenbar ist dieses Klassenverhältnis konstitutiv für die Verwertung des Kapitals. Denn „die Natur produziert nicht auf der einen Seite Geld- und Warenbesitzer und auf der andren bloße Besitzer der eignen Arbeitskräfte. Dies Verhältnis ist kein naturgeschichtliches und ebensowenig ein gesellschaftliches, das allen Geschichtsperioden gemein wäre. Es ist offenbar selbst das Resultat einer vorhergegangenen historischen Entwicklung", welche die Subsistenzproduktion vernichtet und die Masse der Produzenten von den Produktionsmitteln getrennt hat[81].

„Was also die kapitalistische Epoche charakterisiert, ist, daß die Arbeitskraft für den Arbeiter selbst die Form einer ihm gehörigen Ware, seine Arbeit daher die Form der Lohnarbeit erhält. Andrer-

---

[80] L. c., S. 181, 183.
[81] L. c., S. 183. Die gewaltsame Trennung der Produzenten von ihren Produktionsmitteln, die der kapitalistischen Epoche historisch vorausging, wird von Marx im 24. Kapitel des 1. Bandes vom ›Kapital‹ am Beispiel Englands in ihren Grundzügen dargestellt.

seits verallgemeinert sich erst von diesem Augenblick die Warenform der Arbeitsprodukte."[82] Vermöge der Konkurrenz auf dem Markt, auf dem nun alle Produkte feilgeboten werden müssen, wird die zu ihrer Produktion gesellschaftlich notwendige Arbeitszeit ermittelt. Daß dies für die einzelne Ware erst post festum, bei ihrem Verkauf, geschieht, ändert nichts an der Sache. Denn nur was sich am Markt behaupten kann, ist wert, produziert zu werden. Vermittels der Konkurrenz im Zuge der Durchsetzung der kapitalistischen Produktionsweise wird der Wert zum umgreifenden Regulativ des Markts.

Wie alle anderen Waren besitzt auch die Ware Arbeitskraft einen Wert. Dieser bemißt sich an der zu ihrer Reproduktion notwendigen Arbeitszeit, d. h. am Wert der Produkte, die zu ihrer Reproduktion erforderlich sind. Dies sind zunächst Lebensmittel, Kleidung und Wohnung der Arbeiter und ihrer Familien entsprechend den historisch gewachsenen Lebensansprüchen der Arbeiterklasse und dem kulturellen Entwicklungsniveau des jeweiligen Landes. Ferner gehören dazu die Aufwendungen für Kranken- und Sozialversicherung sowie für die Aufzucht der Kinder, denn das Kapital konsumiert die Arbeitskraft nicht nur täglich oder wöchentlich, sondern auch generationsweise. Es kann seine Produktion nur aufrechterhalten, wenn immer eine neue Arbeitergeneration nachwächst. In der Sturm-und-Drang-Phase des Kapitalismus mochte man vor lauter Geschäftigkeit gar nicht mehr auf die neue Arbeitergeneration warten und ging dazu über, sie bereits im Kindesalter zu verschleißen, bis schließlich der Staat eingriff und mit entsprechenden Gesetzen die langfristigen Interessen des Kapitals gegen die kurzfristige Profitgier in Schutz nahm. Kinderarbeit ist als probates Mittel der Lohndrückerei und als unentbehrliche Stütze der Landwirtschaft auch heute in den meisten Ländern gang und gäbe und keineswegs das Schlimmste, was der Kapitalismus Kindern zu bieten vermag.

Die „Minimalgrenze des Werts der Arbeitskraft" wird markiert „durch den Wert der physisch unentbehrlichen Lebensmittel".[83] Angesichts des relativen Wohlstands der Mehrzahl der Lohnar-

[82] L. c., S. 184, Note 41.
[83] L. c., S. 187.

beiter in den Metropolen erscheint diese Feststellung überholt. In anderen Regionen und besonders in solchen wie Südostasien, wo die kapitalistische Produktionsweise erst vor wenigen Jahrzehnten Fuß fassen konnte und der Wirtschaft einen gewaltigen Boom bescherte, ist sie jedoch nach wie vor gültig. Niedrigstlöhne und kompromißlose Exportorientierung sind dort sogar die Bedingung für Profit- und Akkumulationsraten, von denen man in Europa, Nordamerika und selbst Japan nur träumen kann. In den kapitalistischen Zentren ist die Ökonomie nicht nur auf den inneren Markt, d. h. auf Massenkaufkraft und -konsum angewiesen, um ihre Produkte abzusetzen. Die Anforderungen technisch höchstentwikkelter Industrieproduktion an politische Stabilität, Infrastruktur, Ausbildungsstand, Leistungsfähigkeit und Mobilität zwingen die Kapitalistenklasse geradezu, ihr arbeitendes Personal weit über dem Existenzminimum zu entlohnen. Das heißt aber noch lange nicht, daß das in den siebziger und achtziger Jahren erreichte Niveau des Massenkonsums gehalten werden wird. Das Kapital zeigt sich fest entschlossen, die Lasten der gegenwärtigen Krise auf die Arbeiter- und Angestelltenpopulation, vor allem aber auf Arbeitslose und sozial Deklassierte abzuwälzen. Zu teuer geworden sind ihm nicht bloß tarifliche Gratifikationen wie Urlaubs- oder Weihnachtsgeld, sondern das ganze System der sozialen Sicherung. Verzichtsparolen und Maßhalteappelle von Politikern und Wirtschaftsfunktionären sind ernster zu nehmen als vor dreißig Jahren. Sie flankieren den Circulus vitiosus von Firmenzusammenbrüchen, wachsender Massenarbeitslosigkeit und Reallohneinbußen, die den noch Beschäftigten handgreiflich klarmachen, daß sie zurückstecken und sich ohne Murren mit einem niedrigeren Lebensstandard abfinden sollen.

Unter der Perspektive des Kapitals stellt sich die ganze Existenz des Arbeiters als Vernutzung und Reproduktion der Ware Arbeitskraft dar. Die Verwertung des Kapitals ist der von vielen vergeblich gesuchte Sinn ihres Lebens. Während der Arbeitszeit wird die Arbeitskraft konsumiert und dem Kapital einverleibt, ein Vorgang, den Marx „produktive Konsumtion"[84] nennt. In der freien

---

[84] K. Marx, Grundrisse der Kritik der politischen Ökonomie, Berlin 1974, S. 11 f.

Zeit beginnt die scheinbar individuell gelenkte Konsumtion des
Arbeiters, die freilich in doppelter Weise wieder in den Verwertungskreislauf des Kapitals einbezogen ist. Erstens sind die Gegenstände des privaten Konsums Produkte des Kapitals, deren Wert
sich im Verkauf realisiert. Zweitens dient diese private Konsumtion, wenn auch oft nicht bewußt, der Reproduktion der Arbeitskraft, die am nächsten Tag dem Kapital wieder zur Verfügung
stehen soll. „Der Konsumtionsprozeß der Arbeitskraft ist zugleich
der Produktionsprozeß von Ware und Mehrwert. Die Konsumtion
der Arbeitskraft, gleich der Konsumtion jeder andren Ware, vollzieht sich außerhalb des Markts oder der Zirkulationssphäre.
Diese geräuschvolle, auf der Oberfläche hausende und aller
Augen zugängliche Sphäre verlassen wir daher, zusammen mit
dem Geldbesitzer und Arbeitskraftbesitzer, um beiden nachzu-
folgen in die verborgne Stätte der Produktion, an deren Schwelle
zu lesen steht: No admittance except on business. Hier wird sich
zeigen, nicht nur wie das Kapital produziert, sondern auch wie
man es selbst produziert, das Kapital. Das Geheimnis der Plusmacherei muß sich endlich enthüllen."[85]
    Es besteht darin, daß der Wert der Arbeitskraft und ihre Verwer-
tung im Produktionsprozeß quantitativ differieren. „Diese Wert-
differenz hatte der Kapitalist im Auge, als er die Arbeitskraft
kaufte." Der spezifische Gebrauchswert der Ware Arbeitskraft,
ihre wertbildende Potenz, realisiert sich nur in der Produktion, als
lebendige Arbeit. „Als solche zweckmäßige produktive Tätigkeit,
Spinnen, Weben, Schmieden, erweckt die Arbeit durch ihren
bloßen Kontakt die Produktionsmittel von den Toten, begeistet sie
zu Faktoren des Arbeitsprozesses und verbindet sich mit ihnen zu
Produkten."[86] Der Wert der Produktionsmittel wird nicht bloß
erhalten, sondern vergrößert, indem ihnen ein bestimmtes
Quantum lebendiger Arbeit einverleibt wird. Und dieser Wertzu-
wachs übersteigt die Reproduktionskosten oder den Wert der Arbeitskraft. Ein Zahlenbeispiel mag das verdeutlichen. Nehmen
wir an, daß der Arbeiter täglich 3 Stunden arbeiten muß, um ein
Äquivalent der von ihm konsumierten Lebensmittel zu produ-

[85] K. Marx, Das Kapital, Bd. 1, l. c., S. 189.
[86] L. c., S. 208 u. 215.

zieren, und daß ferner nach geltenden Arbeitszeitregelungen der Arbeitstag 7½ Stunden umfaßt. Dann ergibt sich, daß der Arbeiter täglich während 4½ Stunden unbezahlte Arbeit leistet.[87] Marx nennt die zur Ausgleichung der Reproduktionskosten des Arbeiters und seiner Familie zu leistende Arbeit *notwendige Arbeit*, die unbezahlte Arbeit dagegen *Mehrarbeit*. Auf diese Mehrarbeit hat es der Kapitalist abgesehen, denn sie ist die Quelle des Mehrwerts, der sich für ihn schließlich in Profit verwandeln soll. Wohlgemerkt, es geht hier nicht um Prellerei. Denn die Marxsche Mehrwerttheorie abstrahiert hier ganz und gar von allen fadenscheinigen Vorwänden und lumpigen Tricks, die sich die Kapitalistenklasse im Laufe ihrer Geschichte ersonnen hat, um sich durch Lohnprellerei zu bereichern. Hier wird vielmehr die Voraussetzung gemacht, daß alles mit rechten Dingen zugeht und nur Äquivalente getauscht werden. Der Kapitalist hat die Arbeitskraft gekauft und bezahlt. Er stellt die Produktionsmittel, und es fällt ihm deshalb auch das Produkt und der darin inkorporierte Mehrwert zu. Es wird nun sehr deutlich, daß das Kapitalverhältnis historisch auf dem Klassengegensatz von Lohnarbeit und Kapital, systematisch auf der Differenz von Tauschwert und Gebrauchswert der Ware Arbeitskraft beruht. Denn „der spezifische Gebrauchswert dieser Ware, Quelle von Wert zu sein und von mehr Wert, als sie selbst hat" und als im Kauf für sie zu entrichten ist, das ist das Punctum saliens der Plusmacherei, das nunmehr aufgedeckte Geheimnis der ökonomisch vermittelten Klassenherrschaft. „Indem der Kapitalist Geld in Waren verwandelt, die als Stoffbildner eines neuen Produkts oder als Faktoren des Arbeitsprozesses dienen, indem er ihrer toten Gegenständlichkeit lebendige Arbeitskraft einverleibt, verwandelt er Wert, vergangne, vergegenständlichte, tote Arbeit in Kapital, sich selbst verwertenden Wert, ein beseeltes Ungeheuer, das zu 'arbeiten' beginnt, als hätt' es Lieb' im Leibe."[88] Dieser Prozeß der Mehrwertproduktion oder der Ausbeutung der Ar-

---

[87] Das Beispiel ist willkürlich und dient bloß der Veranschaulichung. Das tatsächliche Verhältnis von bezahlter und unbezahlter Arbeit hängt von zahlreichen Faktoren ab, hauptsächlich aber vom Stand der Produktivkräfte, wie noch zu zeigen ist.

[88] K. Marx, Das Kapital, Bd. 1, l. c., S. 208 u. 209.

beitskraft auf seinen verschiedenen Stufen von der einfachen Kooperation im Handwerksbetrieb über die Manufaktur bis zur großen Industrie wird nun zum Gegenstand einer minutiösen und enorm materialreichen Analyse, deren selbst nur umrißhafte Wiedergabe den Rahmen dieser Darstellung sprengen müßte. Ich beschränke mich daher auf einige wenige systematische Bestimmungen und empfehle das eingehende Studium des Originals jedem, der sich mit der kritischen Theorie näher beschäftigen möchte. Aufgrund des trockenen Witzes und oftmals sarkastischen Humors des Autors sowie der reichen historischen Illustrationen wird die Lektüre nicht nur „saure Arbeit des Begriffs", sondern passagenweise ein Vergnügen sein. – Fürs erste bleibt festzuhalten, daß Marx den Begriff der Ausbeutung nicht primär moralisch, sondern streng ökonomisch einführt. Der Grad der Ausbeutung der Arbeitskraft muß exakt berechenbar sein. Dafür bedarf es der Unterscheidung zwischen dem Anteil des Kapitals, dessen Wertgröße unverändert bleibt, und jenem Anteil, dessen Wertgröße variiert. Den ersten Teil, der die Auslagen für Produktionsmittel, Rohmaterial und Arbeitsstoffe umfaßt, nennt Marx konstantes Kapital (c), den zweiten, der den Arbeitslohn betrifft, variables Kapital (v). Das Verhältnis dieses variablen Kapitals zum Mehrwert (m) entspricht genau dem von notwendiger Arbeit und Mehrarbeit. Es ist diese Rate des Mehrwerts $\left(\frac{m}{v}\right)$ ein exakter Gradmesser der Ausbeutung der Arbeitskraft. Der Ausbeutungsgrad der Arbeitskraft hängt bei gegebenem Produktivitätsstand ausschließlich von der Länge der Arbeitszeit ab. In jeder Stunde, die der Arbeiter über die notwendige Arbeit hinaus arbeitet, produziert er Mehrwert für den Kapitalisten. Die Klassenkämpfe des 19. Jahrhunderts zielten oft auf die Länge des Arbeitstags, und bis heute ist die Arbeitszeit eine der wichtigsten Konfliktlinien zwischen Lohnarbeit und Kapital. Wer sich in diesem Kampf durchsetzt, bestimmt die Länge des Arbeitstags, denn von Natur festgelegt ist sie nicht. Die Natur garantiert lediglich, daß ein Übermaß an Arbeit die Gesundheit des Arbeiters ruiniert und dessen Lebenszeit verkürzt. Doch der berechtigte Anspruch des Arbeiters auf Gesundheit, Ruhestunden, Zeit für Essen und selbstbestimmte Tätigkeit kann das Kapital nicht interessieren. Die Konkurrenz vertreibt hier rigoros etwaige philanthropische Stim-

mungen einzelner Kapitalisten. Für das Kapital versteht es sich
„von selbst, daß der Arbeiter seinen ganzen Lebenstag durch
nichts ist außer Arbeitskraft, daß daher alle seine disponible Zeit
von Natur und Rechts wegen Arbeitszeit ist, also der Selbstverwertung des Kapitals angehört. Zeit zu menschlicher Bildung, zu geistiger Entwicklung, zur Erfüllung sozialer Funktionen, zu gesel-
ligem Verkehr, zum freien Spiel der physischen und geistigen Le-
benskräfte, selbst die Feierzeit des Sonntags – und wäre es im
Lande der Sabbatheiligen – reiner Firlefanz! Aber in seinem
maßlos blinden Trieb, seinem Werwolfs-Heißhunger nach Mehrarbeit, überrennt das Kapital nicht nur die moralischen, sondern
auch die rein physischen Maximalschranken des Arbeitstags."[89]
Zwölfstündige Arbeit bei sechs Werktagen ohne Urlaubsanspruch
und Versorgung im Krankheitsfall war vor 150 Jahren in England
ein Normalmaß, das kaum irgendwo eingehalten wurde. Es war
keine Seltenheit, daß man die Arbeiter zu vierzehn- und selbst
sechzehnstündiger Arbeit pro Tag zwang und so erbärmlich ent-
lohnte, daß die ganze Familie einschließlich der Kinder bis zur
Erschöpfung schuften mußte, um nicht zu verhungern. Die Ausbeutung der Arbeitskraft ist ein objektiver Tatbestand, ein notwendiges Moment kapitalistischer Reproduktion. Die moralische Im-
plikation erhielt der Begriff nicht erst durch die Agitation der
Kommunisten, sondern durch die unersättliche Profitgier und die
ökonomischen Exzesse der Kapitalistenklasse, denen der von der
Bourgeoisie selbst kontrollierte Staat gesetzlich Einhalt gebieten
mußte, um eine drohende Dezimierung der Arbeiterpopulation
durch „vorzeitige Erschöpfung und Abtötung der Arbeitskraft"[90]
abzuwenden.

„Die kapitalistische Produktion ist nicht nur Produktion von
Ware, sie ist wesentlich Produktion von Mehrwert. Der Arbeiter
produziert nicht für sich, sondern für das Kapital. (...) Nur der Arbeiter ist produktiv, der Mehrwert für den Kapitalisten produziert
oder zur Selbstverwertung des Kapitals dient."[91] Sosehr es dem
Alltagsverständnis widersprechen mag: Wenn jemand nützliche

[89] L. c., S. 280.
[90] L. c., S. 281.
[91] L. c., S. 532.

Gebrauchsgegenstände produziert, aber dies auf eigene Rechnung tut, ohne jemanden für sich arbeiten zu lassen und ohne ein Kapital zu verwerten, dann ist dies im Sinne des Kapitalismus keine produktive Arbeit. Wenn ein anderer dagegen Schund produziert, seine Arbeit aber in den Verwertungskreislauf irgendeines Kapitals einbezogen ist, dann ist sie produktiv. Produktiv ist die Arbeit also noch nicht, wenn sie allein Gebrauchswerte hervorbringt, sondern erst dann, wenn sie zur Vermehrung vorhandenen Kapitals beiträgt.

Die Produktion des Mehrwerts funktioniert zunächst durch die Verlängerung des Arbeitstags über die Zeitspanne, in welcher der Arbeiter ein Äquivalent für den Wert seiner Arbeitskraft produziert. Je größer diese Verlängerung, desto üppiger der Mehrwert. Marx nennt dies die „Produktion des absoluten Mehrwerts"[92]. Sie bildet die Grundlage kapitalistischer Reproduktion, und auf dieser Grundlage kann der Mehrwert freilich auch gesteigert werden durch Reduktion der notwendigen Arbeit, was gleichbedeutend ist mit einer Erhöhung der Produktivkraft der Arbeit. Bei gleicher Länge des Arbeitstags nimmt die Mehrarbeit zu im gleichen Maße wie die zur Reproduktion der Arbeitskraft notwendige Arbeit abnimmt oder wie die Lebensmittel des Arbeiters billiger produziert werden können. Diesen Vorgang nennt Marx die „Produktion des relativen Mehrwerts"[93]. Sie setzt anstelle der bloß formellen die reelle Subsumtion der Arbeit unter das Kapital voraus. Formell ist die Arbeit subsumiert, sobald die Arbeitskraft als Ware verkauft und in der Werkstatt des Kapitalisten vernutzt wird. Das Kapital ist hier die äußere Form der Realisation der Arbeitskraft; es greift jedoch noch nicht in den Arbeitsablauf ein. Dies ändert sich mit der Entwicklung der Maschinerie zur großen Industrie, die das Verhältnis des Arbeiters zu den Produktionsmitteln gänzlich umkrempelt. „In Manufaktur und Handwerk bedient sich der Arbeiter des Werkzeugs, in der Fabrik dient er der Maschine. Dort geht von ihm die Bewegung des Arbeitsmittels aus, dessen Bewegung er hier zu folgen hat. In der Manufaktur bilden die Arbeiter Glieder eines lebendigen Mechanismus. In der Fabrik existiert ein

---

[92] L. c.
[93] L. c.

toter Mechanismus unabhängig von ihnen, und sie werden ihm als lebendige Anhängsel einverleibt."[94] Nicht nur nach der Wertseite, auch nach der stofflichen Seite wird das Produkt der Arbeit ein Mittel zur Beherrschung des Arbeiters. Wie sich der vom Arbeiter produzierte Wert in Kapital verwandelt und sich ihm als fremde und beherrschende Macht entgegenstellt, die ihm die Bedingungen der Anwendung seiner Arbeitskraft vorschreibt, so steht ihm sein Produkt stofflich als Maschinerie gegenüber, die ein so gewaltiges Maß an technischer Intelligenz und vergangener Arbeit in sich konzentriert, daß sie den Arbeitsprozeß souverän dominiert und über die lebendige Arbeitskraft als notwendiges Zubehör verfügt. Diese reelle Subsumtion der Arbeit unter das Kapital ist die prosaische Realität dessen, was die Philosophen vornehm Entfremdung nennen.

Es hat sich gezeigt, daß das Kapital sich nur durch den ständigen Wechsel seiner Form erhält und vermehrt. Es springt von der Geldform in die Warenform bzw. die lebendige Arbeit über, verwandelt sich also aus Geldkapital in Produktivkapital, kristallisiert sich wieder zur Ware, aus der es sich in die Geldform zurückverwandelt. Diese Zirkulation des Kapitals hat einen doppelten Zweck: Erhaltung und Wachstum; die Ökonomen sprechen von Reproduktion und Akkumulation. Betrachten wir zuerst die Seite der Reproduktion. Sie findet statt, wenn eine bestimmte Summe Geld in Produktionsmittel, Rohstoffe und Lohn ausgelegt wird und nach einer bestimmten Umschlagszeit inklusive Mehrwert wieder in die Hand ihres Besitzers zurückfließt; wenn dieser anschließend den Mehrwert als Revenue einstreicht und die gleiche Summe wieder als Kapital in die Zirkulation wirft. Die Reproduktion umfaßt hier nicht nur das Kapital, sondern alle in diesem Prozeß wirksamen Momente: den Kapitalisten, die Lohnarbeiter und schließlich – das Kapitalverhältnis. Denn auch die spezifischen gesellschaftlichen Voraussetzungen der kapitalistischen Produktion müssen mit reproduziert werden. Niemand kann mutwillig aus dem Reproduktionskreislauf des Kapitals aussteigen, ohne seine eigene Reproduktion aufs Spiel zu setzen, auch die Kapitalisten nicht. Doch es wird hier nochmals sinnfällig, wer dabei den

---

[94] L.c., S. 445.

kürzeren gezogen hat. Der Kapitalist muß sein Kapital reproduzieren, um sich die Revenue und von einem bestimmten Zeitpunkt an die Rente zu sichern. Sie ist so bemessen, daß sie nicht nur die Reproduktion der Arbeitskraft, sondern eine Fülle von Annehmlichkeiten und Luxus garantiert, die der Kapitalismus dem kaufkräftigen Interesse zu bieten vermag. Die Arbeiter dagegen müssen nicht mit dem Zuckerbrot des Luxus in die Fabrik gelockt werden, weil die Peitsche des Hungers und der Not sie von selbst dorthin treibt. Um sich zu reproduzieren, müssen sie das Kapital reproduzieren – ein gesellschaftliches Verhältnis, das sie täglich aufs neue zwingt, ihre Arbeitskraft zu Markte zu tragen und unter fremder Bestimmung anwenden zu lassen. „Ein Arbeiter in einer Baumwollfabrik, produziert er nur Baumwollstoffe? Nein, er produziert Kapital. Er produziert Werte, die von neuem dazu dienen, seine Arbeit zu kommandieren und vermittelst derselben neue Werte zu schaffen."[95] Lohnarbeit und Kapital sind die entgegengesetzten Pole einer gesellschaftlichen Totalität, die sich wechselseitig bedingen und hervorbringen. Das Kapital ist dabei der eine Pol und zugleich das Ganze, ein gesellschaftliches Produktionsverhältnis, das den Klassengegensatz notwendig in sich einschließt.

Nun ist die oben skizzierte einfache Reproduktion eines der Größe nach gleichbleibenden Kapitals, das stets wieder den gleichen Mehrwert abwirft, in der kapitalistischen Produktionsweise, die wesentlich dynamisch ist, gar nicht vorgesehen. „Stillstand ist Rückgang!" lautet die Devise des Unternehmers. Er wird also nicht den ganzen erwirtschafteten Mehrwert als Revenue verzehren, sondern einen Teil davon immer in neues Kapital, d. h. in Produktionsmittel und disponible Arbeitskraft verwandeln, um den Umfang der Mehrwertproduktion zu steigern. Die Reproduktion steht also in Wirklichkeit unter einem systemimmanenten Druck zur Expansion, der durch die Konkurrenz aufrechterhalten wird und daher unabhängig ist von der persönlichen Bereicherungssucht des Kapitalisten. Diese expansive Dynamik nennt man *Akkumulation des Kapitals* oder, mit einem heute verbreiteten Ausdruck, Wirtschaftswachstum. „Die Konkurrenz herrscht jedem individuellen Kapitalisten die immanenten Gesetze der ka-

---

[95] K. Marx, Lohnarbeit und Kapital, MEW Bd. 6, Berlin 1982, S. 410.

pitalistischen Produktionsweise als äußere Zwangsgesetze auf. Sie zwingt ihn, sein Kapital fortwährend auszudehnen, um es zu erhalten, und ausdehnen kann er es nur vermittelst progressiver Akkumulation." Es bleibt dem Kapitalisten, will er nicht Pleite machen, gar nichts anderes übrig, als zum „Fanatiker der Verwertung des Werts" zu werden, der rücksichtslos menschliche Arbeit und natürliche Ressourcen ausbeutet und sie in die „Produktion um der Produktion willen"[96] einspannt. Das Wirtschaftswachstum „war 'der fremde Gott', der sich neben die alten Götzen Europas auf den Altar stellte und sie eines schönen Tages mit einem Schub und Bautz sämtlich über den Haufen warf. Es proklamierte die Plusmacherei als letzten und einzigen Zweck der Menschheit."[97]

Auf dem Wirtschaftswachstum beruht der Reichtum der entwikkelten kapitalistischen Gesellschaften, der auf den ersten Blick als „ungeheure Warensammlung" erscheint. Deshalb gelten der Stabilisierung des Wachstums die konzentrierten Anstrengungen nicht nur der einzelnen Kapitalien, sondern auch der gesamten Nationalökonomie und inzwischen sogar des weltweiten Krisenmanagements. Sie reichen von der Unternehmensplanung im kleinen bis zu den flankierenden wirtschafts- und finanzpolitischen Maßnahmen und Staatsinterventionen im großen. Daß das Wirtschaftswachstum mehr gehätschelt und gefürchtet wird als etwa die Götter vergangener Epochen, hat einen handgreiflichen Grund. Denn im Gegensatz zu den Altvorderen hat es tatsächlich die Macht, durch seinen bloßen Rückzug jederzeit das jüngste Gericht in Gestalt einer Krise abzuhalten und dabei schon auf Erden den Erwählten und den Verdammten ihren Platz anzuweisen. Das Krisenmanagement der fortgeschrittensten kapitalistischen Nationen hat die Funktion, diese ärgerliche und unangenehme Prozedur möglichst weit hinauszuschieben. Über den näheren Mechanismus der Krise und ihre systembedingte Unvermeidlichkeit wird unten noch Auskunft erteilt. Hier genügt es festzuhalten, daß die Reproduktion des Kapitals auf permanenter Expansion beruht und in sich zusammenfällt, wenn das Wachstum ausbleibt. Vorstellungen von einem funktionierenden Kapitalismus mit umweltschonendem Nullwachstum,

---

[96] K. Marx, Das Kapital, Bd. 1, l.c., S. 618.
[97] L.c., S. 782.

bisweilen als „Dritter Weg" angepriesen, gehören daher in den
Bereich grün-alternativer Heileweltphantasien.

Der Kritik der politischen Ökonomie geht es darum, das ökonomische Bewegungsgesetz des modernen Kapitalismus aufzu-
spüren und in strenger Deduktion aus dem Wertbegriff zu entwik-
keln. Mit der Darstellung des *Akkumulationsgesetzes* ist dies in
groben Zügen geschehen. Das Kapital existiert nur als Produktion
von Mehrwert und Kapitalisierung dieses Mehrwerts in stets wachsendem Umfang. Die gesellschaftlichen Konsequenzen, die sich
für Arbeit und Kapital aus dem Akkumulationsgesetz ergeben,
und die geschichtliche Tendenz der kapitalistischen Produktionsweise selbst rücken nun ins Zentrum des Interesses. – Bei gleich-
bleibender Produktivität muß das Wachstum des Kapitals eine Vermehrung des Proletariats bewirken, denn ein größeres Kapital hat
ein größeres Produktionsvolumen und einen erhöhten Bedarf an
Arbeitskraft. Nun ist aber gerade die Akkumulation der mäch-
tigste Hebel zur Entwicklung der Produktivität. Mit der Akkumulation steigt die Menge der Produktionsmittel, die ein Arbeiter in
einer bestimmten Zeitspanne in Produkte verwandelt. Das heißt,
es werden relativ zum Umfang der Produktionsmittel oder zur
Größe des fungierenden Kapitals weniger Arbeiter benötigt. „Diese
Veränderung in der technischen Zusammensetzung des Kapitals,
das Wachstum in der Masse der Produktionsmittel, verglichen mit
der Masse der sie belebenden Arbeitskraft, spiegelt sich wider in
seiner Wertzusammensetzung, in der Zunahme des konstanten Be-
standteils des Kapitalwerts auf Kosten seines variablen Bestand-
teils."[98] Diese Verschiebung führt uns direkt auf den immanenten
Widerspruch der kapitalistischen Produktionsweise. Das Kapital
kann die Produktion des relativen Mehrwerts nur steigern auf Kosten einer Abnahme des absoluten Mehrwerts im Verhältnis zum
Gesamtkapital. Anders ausgedrückt: Mit der Produktivität wächst
zwar der Ausbeutungsgrad der Arbeit, d. h., die Arbeitskraft des
einzelnen Arbeiters wird effektiver ausgebeutet. Weil aber die Produktivitätssteigerung nur durch Investitionen in neue und teurere
Produktionsanlagen erreicht werden kann, sind höhere Auslagen
an Kapital erfordert, um eine gleiche Anzahl Arbeiter auszu-

[98] L. c., S. 651.

beuten. Dieser Sachverhalt läßt sich verdeutlichen durch einen Vergleich der Mehrwertrate $\left(\frac{m}{v}\right)$ mit der Profitrate $\left(\frac{m}{c+v}\right)$.[99] Die Investitionen in bessere Produktionsmittel schlagen beim konstanten Kapital zu Buche, das in die Berechnung der Mehrwertrate $\left(\frac{m}{v}\right)$ nicht eingeht. Sie müssen jedoch die Profitrate drücken, die sich aus dem Verhältnis des Mehrwerts zum Gesamtkapital $\left(\frac{m}{C}\right)$ errechnet. Die gleiche Produktivitätssteigerung kann sich daher in steigender Mehrwertrate und sinkender Profitrate ausdrücken. Die Folgen des langfristigen Falls der Profitrate lassen sich nur kompensieren durch absolute Ausweitung der Produktion. Es wird sich zeigen, daß das Kapital den im Akkumulationsgesetz sich ausdrückenden Expansionszwang durch seine eigene Entwicklung ständig verschärft.

„Jede Akkumulation wird das Mittel neuer Akkumulation. Sie erweitert mit der vermehrten Masse des als Kapital funktionierenden Reichtums seine Konzentration in den Händen individueller Kapitalisten, daher die Grundlage der Produktion auf großer Stufenleiter und der spezifisch kapitalistischen Produktionsmethoden."[100] Zunächst handelt es sich hierbei nur um die Konzentration der Produktionsmittel und des Kommandos über Arbeit, also die Trennung der unmittelbaren Produzenten von den Produktionsmitteln in Permanenz. Von einer bestimmten Stufe der Entwicklung an richtet sich die Konzentrationsbewegung gegen die Zersplitterung des gesellschaftlichen Gesamtkapitals in viele individuelle Einzelkapitale. Was jetzt stattfindet, ist eine „Konzentration bereits gebildeter Kapitale, Aufhebung ihrer individuellen Selbständigkeit, Expropriation

---

[99] Der Profit ist der Mehrwert in der Gestalt, in der er dem Kapitalisten erscheint, nämlich bezogen auf sein Gesamtkapital. Der einzelne Kapitalist differenziert nicht zwischen konstantem und variablem Kapital, sondern er berechnet den Gewinn aus seinem Geschäft, indem er seine Gestehungskosten von den Einnahmen abzieht. Übrig bleibt der Profit. Im gesellschaftlichen Durchschnitt, als Gesamtprofit der Kapitalistenklasse, ist er identisch mit dem Mehrwert, von dem er im Einzelfall abweichen kann.

[100] K. Marx, Das Kapital, Bd. 1, l. c., S. 653.

von Kapitalist durch Kapitalist, Verwandlung vieler kleineren in weniger größere Kapitale."[101] Motor dieser Bewegung ist die Konkurrenz. Die akkumulationsbedingten Produktivitätssteigerungen und absoluten Ausweitungen der Produktion verbilligen die Waren und wer in diesem Wettlauf[102] die Nase vorn hat, setzt sich gegen die konkurrierenden Kapitale durch und kann sie schließlich dem eigenen einverleiben. Die Expropriation, für den Common sense eine kommunistische Zwangsmaßnahme, „vollzieht sich durch das Spiel der immanenten Gesetze der kapitalistischen Produktion selbst, durch die Zentralisation der Kapitale. Je ein Kapitalist schlägt viele tot."[103] Die Enteignung gesellschaftlicher Produktionsmittel aus privater Hand ist also keine Erfindung der Kommunisten. Diese wollen sie allerdings unter politische Kontrolle bringen, um sie bewußt zum Vorteil der gesamten Gesellschaft anzuwenden, während sie sich im Kapitalismus immer schon naturwüchsig zum Vorteil der Stärksten vollzieht.

Während die kapitalistische Akkumulation die einzelnen Kapitalisten also mit Expropriation und anschließender Proletarisierung bedroht, hat sie für die Arbeiterklasse noch unerfreulichere Konsequenzen, denen man freilich nicht gern ins Auge sieht. Indem das akkumulierende Kapital permanent Produktivität produziert, versetzt es seine Agenten in die Lage, mit immer weniger Arbeitskräften immer mehr Waren zu produzieren. Außerdem zwingt die Konkurrenz die einzelnen Kapitalisten, qualifizierte und teure durch weniger qualifizierte und billigere Arbeiter zu ersetzen, soweit dies den Produktionsablauf nicht beeinträchtigt. Die verschiedenen Methoden zur Senkung des variablen Kapitalanteils oder der Lohnkosten, die man mit einem landläufigen Ausdruck Rationalisierungen nennt, sind ebenso Mittel, die Ware Arbeitskraft unverkäuflich zu machen und die freigesetzten Arbeiter ihrer Existenz zu berauben, soweit kein soziales Netz sie auffängt.

<hr>

[101] L.c., S.654.

[102] Von ihm ist die Rede, wenn die Strategen der liberalen Marktwirtschaft den „Wettbewerb" als Quelle von Fortschritt und Wohlstand preisen, als handle es sich bei dem Kampf um Mehrwert und Märkte um ein faires Kräftemessen im Stil der klassischen Olympischen Spiele.

[103] K. Marx, Das Kapital, Bd. 1, l.c., S.790.

Wo ein solches vorhanden ist, läuft die Sache darauf hinaus, dem Staat Kosten aufzubürden, um privaten Profit zu maximieren. „Mit der durch sie selbst produzierten Akkumulation des Kapitals produziert die Arbeiterbevölkerung in wachsendem Umfang die Mittel ihrer eignen relativen Überzähligmachung. Es ist dies ein der kapitalistischen Produktionsweise eigentümliches Populationsgesetz."[104] Durch die relative Übervölkerung bildet sich eine industrielle Reservearmee, welche die Konkurrenz unter den Arbeitern verschärft, die beschäftigten Arbeiter „zur Überarbeit und Unterwerfung unter die Diktate des Kapitals zwingt"[105] und ihre Ansprüche während der kurzen Prosperitätsphasen im Zaum hält. Sie garantiert außerdem ständigen Nachschub für verschlissene Arbeitskräfte, so daß das Kapital hier nie in Verlegenheit gerät. Der Umfang der industriellen Reservearmee schwankt mit dem wirtschaftlichen Konjunkturzyklus. Ihr gehören alle vom Verkauf ihrer Arbeitskraft abhängigen Personen an, die nur halb bzw. vorübergehend oder dauernd nicht beschäftigt sind; zunächst der große Teil des Proletariats, der nur in den Prosperitätsphasen Arbeit findet, besonders Frauen. Hier sind auch diejenigen mit einzubeziehen, die heutzutage mit Umschulungen und Arbeitsbeschaffungsmaßnahmen hingehalten werden und künftig nach den Plänen pfiffiger Bourgeois-Häuptlinge zur Arbeit in Billiglohnsektoren gezwungen werden sollen. Zweitens rekrutiert sich die industrielle Reservearmee aus den an den Rändern der kapitalistischen Akkumulation Entwurzelten, die in die Zentren strömen und dort nicht gleich oder gar keine Arbeit finden. Den Bodensatz der industriellen Reservearmee bildet das von Marx so genannte Lumpenproletariat, Menschen, die durch Unglück oder eigenes Verschulden aus der offiziellen bürgerlichen Gesellschaft herausgefallen sind: gescheiterte Existenzen, Verbrecher, Vagabunden, Suchtkranke, Psychopathen; schließlich noch die Armutsflüchtlinge aus der Dritten Welt, die das nackte Elend in die Metropolen treibt und die zumeist keine Chance haben, auch nur als Proletarier in die bürgerliche Gesellschaft aufzusteigen. Dieser Sumpf des Pauperismus „gehört zu den faux frais der kapitalistischen Pro-

[104] L. c., S. 660.
[105] L. c., S. 665.

duktion, die das Kapital jedoch großenteils von sich selbst ab auf die Schultern der Arbeiterklasse und der kleinen Mittelklasse zu wälzen weiß".[106] Wenn aber die Armut so anwächst, daß sie dem Kapital direkt zur Last fällt, setzt dieses den völkischen Mob in Trab, um sich mit terroristischen Mitteln die verzweifelten Menschen, die nichts als das Leben zu verlieren haben, vom Halse zu schaffen. In diese Phase der Armutsbekämpfung ist die westeuropäische Gesellschaft in den neunziger Jahren eingetreten.

Ganz gleich aber, ob man mit karitativen oder terroristischen Mitteln der drückenden Last des Pauperismus Herr zu werden versucht; mit den Gestehungskosten der Akkumulation gesellschaftlichen Reichtums in privater Hand, zu denen nicht allein das millionenfache Elend der aus dem Reproduktionskreislauf Herausgeschleuderten, sondern auch die rücksichtslose Konsumtion natürlicher Ressourcen und die Verwüstung ganzer Landstriche gehört, werden alle konfrontiert. Marx kann die im ›Kommunistischen Manifest‹ in groben Zügen entworfene Verelendungstheorie nun präzisieren und aus dem ökonomischen Bewegungsgesetz des Kapitals selbst herleiten. „Je größer der gesellschaftliche Reichtum, das funktionierende Kapital, Umfang und Energie seines Wachstums, also auch die absolute Größe des Proletariats und die Produktivkraft seiner Arbeit, desto größer die industrielle Reservearmee. Die disponible Arbeitskraft wird durch dieselben Ursachen entwickelt wie die Expansivkraft des Kapitals. Die verhältnismäßige Größe der industriellen Reservearmee wächst also mit den Potenzen des Reichtums. Je größer aber diese Reservearmee im Verhältnis zur aktiven Arbeiterarmee, desto massenhafter die konsolidierte Übervölkerung, deren Elend im umgekehrten Verhältnis zu ihrer Arbeitsqual steht. Je größer endlich die Lazarusschichte der Arbeiterklasse und die industrielle Reservearmee, desto größer der offizielle Pauperismus. *Dies ist das absolute, allgemeine Gesetz der kapitalistischen Akkumulation.*" Dieses Gesetz, „welches die relative Übervölkerung oder industrielle Reservearmee stets mit Umfang und Energie der Akkumulation in Gleichgewicht hält, schmiedet den Arbeiter fester an das Kapital als den Prometheus die Keile des Hephästos an den Felsen. Es bedingt eine der Akku-

[106] L. c., S. 673.

mulation von Kapital entsprechende Akkumulation von Elend. Die Akkumulation von Reichtum auf dem einen Pol ist also zugleich Akkumulation von Elend, Arbeitsqual, Sklaverei, Unwissenheit, Brutalisierung und moralischer Degradation auf dem Gegenpol, d. h. auf Seite der Klasse, die ihr eignes Produkt als Kapital produziert."[107] Die Polarisierung von privatem Reichtum und sozialer Not, die der Kapitalismus nach wie vor zwangsläufig vorantreibt, ist in den Zentren der Akkumulation, vor allem in Deutschland während der fast dreißigjährigen Nachkriegsprosperität, aus dem Bewußtsein verschwunden. Im Weltmaßstab hat sie sich aber kontinuierlich durchgehalten und in letzter Zeit noch einmal drastisch zugespitzt, vor allem in den Regionen der Dritten Welt, wo die relative Übervölkerung bereits in absolute umgeschlagen ist. Wir stoßen hier auf einen Widerspruch der kapitalistischen Produktionsweise. Die Ausbreitung des Elends folgt aus dem immanenten Bewegungsgesetz des Kapitals und ist insofern notwendig. Nun hat das Kapital aber zugleich die menschlichen Produktivkräfte in einem solch gewaltigen Ausmaß entwickelt, daß eine Versorgung aller mit dem Lebensnotwendigen kein Problem mehr ist, und insofern ist das Elend vermeidbar. Dieser Widerspruch tritt auf, sobald die vom Kapital bestimmte gesellschaftliche Wirklichkeit nach Vernunftkriterien beurteilt und mit der in ihr schlummernden historischen Alternative eines Vereins freier Menschen konfrontiert wird. Denn auf der Basis der vom Kapital geschaffenen Produktivkräfte könnten sich die Produzenten ihrem bewußten Willen gemäß frei assoziieren, „ihren Stoffwechsel mit der Natur rationell regeln, unter ihre gemeinschaftliche Kontrolle bringen, statt von ihm als von einer blinden Macht beherrscht zu werden; ihn mit dem geringsten Kraftaufwand und unter den ihrer menschlichen Natur würdigsten und adäquatesten Bedingungen vollziehn".[108] Ich nenne diesen Widerspruch zwischen der Realität der in die Barbarei abdriftenden Plusmacherei und der von dieser Realität transportierten geschichtlichen Möglichkeit einer solidarischen Menschheit den *subjektiven Widerspruch des Kapitals*.

[107] L. c., S. 673–675.
[108] K. Marx, Das Kapital, Bd. 3, MEW Bd. 25, Berlin 1979, S. 828.

Außerdem lauert im Kapitalverhältnis noch ein objektiver Widerspruch, der direkt aus dem Akkumulationsgesetz folgt und sich als Krisentendenz ausdrückt. – Ich bin bisher aus systematischen Gründen und um den Gang der Darstellung nicht unnötig zu komplizieren, vom störungsfreien Ablauf der kapitalistischen Produktion ausgegangen. Davon kann freilich in der Realität keine Rede sein. Schon durch das zeitliche Auseinanderfallen von Produktion und Verkauf der Waren ist die Möglichkeit einer Unterbrechung des Reproduktionskreislaufs des Kapitals gegeben. Verkauft zu werden ist die Zweckbestimmung, unter der die Ware produziert wird. Erst mit ihrem Verkauf an den Konsumenten ist der in ihr enthaltene Mehrwert als Profit realisiert und das zu ihrer Produktion aufgewandte Kapital in die Hand des Auslegers zurückgeflossen. Nun ist der Verkauf der Ware aber keineswegs garantiert, sondern abhängig von einer zahlungskräftigen Nachfrage auf dem Markt, die wiederum von der Konjunktur, vom Tempo der technischen Innovation, vom Geschmack des Publikums und zahlreichen anderen, schwer zu berechnenden Faktoren abhängt. Verengt sich also der Markt und bleibt der Kapitalist auf seiner Ware sitzen, so verwandelt er sich unversehens in einen Idealisten. Denn sein Profit existiert nur als Idee und die als Kapital ausgelegte Geldsumme nur noch in der Erinnerung. Das hat Folgen. Um die Produktion aufrechtzuerhalten, muß er neues Geld als Kapital vorschießen, solange das alte in unverkaufter Ware festliegt, d. h., er muß seine Rücklagen angreifen oder Kredit aufnehmen. Dies kann er nur für begrenzte Zeit durchhalten, dann wird er seine Produktion drosseln und Arbeiter entlassen, was wiederum deren Nachfrage nach Konsumwaren einschränkt und den Lebensmittelmarkt unter Druck setzt. Keinesfalls aber wird er während der angespannten Lage seine Produktion ausweiten und folglich Investitionen zurückstellen, denn das Geld wird knapper und der Kredit teurer, wenn das Geschäft schlecht geht. Auch in der Produktionsmittelindustrie werden also die Aufträge zurückgehen. Die Geschäftsrückgänge aller Branchen verstärken sich wechselseitig und dieser Teufelskreis bekommt immer mehr Fahrt, bis die Krise mit zahlreichen Unternehmensliquidationen und -zusammenbrüchen und massenhaften Entlassungen losbricht und die Produktion gewaltsam an den geschrumpften Markt anpaßt. Es folgt eine Phase der Stagnation, bis sich die Wirtschaft von der Roßkur erholt hat und sich langsam wieder belebt. Der Markt weitet sich allmählich wieder aus, und eine neue Prosperitätsperiode zieht herauf. Die Prosperität, welche die doktrinären Liberalisten als „Normalzustand" fixieren, geht aber von selbst über in hektische Überproduktion und Spekulation, die schließlich in Depression umkippt und die nächste Krise vorbereitet. Weil das Kapital immer rascher akkumuliert, überschwemmt es mit seinen Waren die Märkte, bis diese nichts mehr aufnehmen können. Und weil mehr Kapital produziert wird als wirklich produktiv fungieren kann, wird es sich selbst zuviel und flüchtet sich in die Spekulation. Die Krise macht vorübergehend reinen Tisch, indem sie das überzählige Kapital entwertet. Dies ist, in groben Zügen, der Konjunkturzyklus, der trotz aller Tricks aus der Kiste der antizyklischen Finanzpolitik als feststehendes Ritual zum Kapitalismus gehört wie die Jahreszeiten zur gemäßigten Klimazone.

Die Möglichkeit der Krise eröffnet sich also schon mit dem Auseinanderfallen der Produktion des Mehrwerts und seiner Realisation auf dem Markt. Aber erst durch den immanenten Zwang des Kapitals zur Expansion, wie er sich im Akkumulationsgesetz ausdrückt, wird diese Möglichkeit der Krise zur Notwendigkeit. Das Kapital kann gar nicht anders, als immer wieder die Märkte mit seinen Waren zu überschwemmen und damit selbst die Schranke seiner Selbstverwertung zu produzieren. Sehen wir uns die Zwickmühle, in die sich das Kapital da hineinmanövriert, einmal näher an. – Da der Begriff der Krise sich auf die Weltwirtschaft oder zumindest auf eine Nationalökonomie bezieht, ist es methodisch zweckmäßig, das Kapital hier nicht als individuelles, sondern als gesellschaftliches Gesamtkapital zu betrachten. Dies ist keine bloße Ordnungs-, sondern eine Realitätskategorie, denn alle Kapitale konkurrieren um den Gesamtprofit einer Ökonomie, der identisch ist mit dem Mehrwert. Es ist die Beute, die der Ausbeuterklasse insgesamt zufällt, und die Konkurrenz der Kapitalisten untereinander sorgt dafür, daß sich die Profitraten der Einzelkapitale und auch der verschiedenen Branchen permanent zu einer allgemeinen Profitrate ausgleichen. Die Profitrate drückt das Verhältnis des Mehrwerts zum gesamten vorgeschossenen Kapital aus $\left(\frac{m}{C}\right)$. Gesamtgesellschaftlich bedeutet dies, daß jeder Kapitalist im Verhältnis seines Kapitals zum Gesamtkapital am Profit beteiligt ist. Auch das gesellschaftliche Gesamtkapital akkumuliert, indem es die Produktivität und damit den relativen Mehrwert steigert. Dies geschieht mit Hilfe von Rationalisierungen, d. h. Ersetzung lebendiger Arbeit durch Maschinerie. Jedem Kapital, das rationalisiert, winken kurzfristig Extraprofite, bis sich das neue, effektivere Produktionsverfahren allgemein durchgesetzt hat. Dann aber zeigen die Rationalisierungen eine unbeabsichtigte Wirkung: die Senkung der Profitrate durch Erhöhung des konstanten Kapitalteils gegenüber dem variablen.[109] Dies ist eine immanente Tendenz des Kapitals, die seinen Zweck, die Wertproduktion, langfristig untergräbt. Immer weniger lebendige Arbeit setzt immer mehr tote in Bewegung, aber allein die lebendige ist Quelle des Werts. Um ein bestimmtes Quantum lebendiger Arbeit auszubeuten oder eine bestimmte Mehrwertmasse zu produzieren, muß also fortlaufend mehr Kapital aufgewandt werden, was als sinkende Profitrate zu Buche schlägt. Steigende Mehrwertrate und sinkende Profitrate sind also zwei Seiten der gleichen Medaille. „Die progressive Tendenz der allgemeinen Profitrate zum Sinken ist also nur ein der kapitalistischen Produktionsweise eigentümlicher Ausdruck für die fortschreitende Entwicklung der gesellschaftlichen Produktivkraft der Arbeit."[110] Die kapitalistische Akkumulation steht unter dem Gesetz des tendenziellen Falls der Profitrate, in dem sich der Klassengegensatz von Arbeit und Kapital als Widerspruch von Produktivkräften und Produktionsverhältnissen ausdrückt. Es ist „das wichtigste Gesetz der modernen politischen Ökonomie",[111] das in geschichtlich kurzer Zeit zum Zusammenbruch der kapitalistischen Produktion führen müßte, wenn es nicht einige gegenläufige Momente einschlösse. Dazu gehören zwei unmittelbare Folgen der Produktivitätssteigerung: die bereits erwähnte Erhöhung der Mehrwertrate und die Verbilligung der Elemente des konstanten Kapitals; ferner der internationale Handel und die partielle Verlagerung der

[109] Cf. S. 50f.

[110] K. Marx, Das Kapital, Bd. 3, l. c., S. 223.

[111] K. Marx, Grundrisse der Kritik der politischen Ökonomie, l. c., S. 634.

Produktion in Länder mit niedrigerem Entwicklungsstand, wobei der dort produzierte Mehrwert in den höher entwickelten Ländern als Profit realisiert wird; schließlich die Ausweitung des „Dienstleistungs"-Sektors,[112] der von vornherein mit einem geringeren Anteil von konstantem Kapital funktioniert und dadurch die allgemeine Profitrate hebt. Aber diese von Marx so genannten „entgegenwirkenden Ursachen"[113] können den Fall der Profitrate immer nur aufschieben, abschwächen oder verlangsamen und keinesfalls aufheben oder umkehren.

„Soweit die Rate der Verwertung des Gesamtkapitals, die Profitrate, der Stachel der kapitalistischen Produktion ist (wie die Verwertung des Kapitals ihr einziger Zweck), verlangsamt ihr Fall die Bildung neuer selbständiger Kapitale und erscheint so als bedrohlich für die Entwicklung des kapitalistischen Produktionsprozesses; er befördert Überproduktion, Spekulation, Krisen, überflüssiges Kapital neben überflüssiger Bevölkerung."[114] Sobald der tendenzielle Fall der Profitrate sich im realen Fall der Profitmasse bemerkbar macht, bietet sich das gewohnte Bild der Krise. Die Elemente des Kapitals fallen auseinander; unbeschäftigte Arbeiter und brachliegendes Kapital stehen sich hilflos gegenüber und wissen nicht wohin. Um die Krise hinauszuschieben, kennt das Kapital nur ein Mittel, das sie schließlich auch um so sicherer herbeiführt: die unbedingte Ausweitung der Produktion ohne Rücksicht auf die Schranken des Markts. Weil es seine Produkte aber wohl oder übel auf dem Markt absetzen muß, schlittert es immer wieder in die Krise. „Der innere Widerspruch sucht sich auszugleichen durch Ausdehnung des äußern Feldes der Produktion. Je mehr sich aber die Produktivkraft entwickelt, um so mehr

---

[112] Diese ungeschickte Bezeichnung täuscht darüber hinweg, daß es sich bei den sogenannten Dienstleistungen um industriell verfertigte Waren handelt, die sich rein ökonomisch gesehen von Waren aus klassischer Industrieproduktion hauptsächlich dadurch unterscheiden, daß der in ihnen enthaltene Anteil konstanten Kapitals kleiner ist. Begriffe wie Touristikindustrie oder Telekommunikationsindustrie treffen den Sachverhalt präziser.

[113] K. Marx, Das Kapital, Bd. 3, l. c., S. 242.

[114] L. c., S. 251 f.

gerät sie in Widerstreit mit der engen Basis, worauf die Konsumtionsverhältnisse beruhen."[115] Während die Produktionskapazität des Kapitals nur abhängt vom Stand der Produktivkräfte, ist die Konsumtionskraft der Gesellschaft künstlich eingeengt durch „antagonistische Distributionsverhältnisse, welche die Konsumtion der großen Masse der Gesellschaft auf ein nur innerhalb mehr oder minder enger Grenzen veränderliches Minimum reduzieren. Sie ist ferner beschränkt durch den Akkumulationstrieb",[116] der die Kapitalisten nötigt, ihren Profit zu kapitalisieren. Was auf diese Weise dem Konsumtionsfonds entzogen wird, wird in Produktivität investiert, so daß die Schere immer weiter auseinandergeht. Das Kapital, das mit einem ungeheuren Werbungsaufwand die Märkte auszudehnen strebt, zieht sie zugleich durch seine Akkumulationsdynamik wieder zusammen.[117] Weil das Kapital gemessen an der beschränkten Aufnahmefähigkeit des Marktes immer zur Überproduktion nicht nur von Waren, sondern auch von Kapital tendiert, sind die Krisen unvermeidlich. Sie haben die Funktion, einen Teil des um den Mehrwert konkurrierenden Kapitals zu vernichten und das Produktionsvolumen den Marktverhältnissen gewaltsam anzupassen. Sie fördern stets die Konzentration des Kapitals und stellen die Bedingungen seiner Verwertung für eine gewisse Frist wieder her. Die Vernichtung überzähligen Kapitals kann allerdings auch durch direkte äußere Gewalteinwirkung vollzogen werden. Der Krieg ist nicht nur die Ultima ratio der Politik, sondern auch der Ökonomie – Fortsetzung der Krise mit anderen Mitteln. Die beiden Weltkriege zielten zwar unmittelbar auf die Durchfechtung imperialistischer und kolonialer Ansprüche; darüber hinaus hatten sie aber den objektiven Sinn, durch Ver-

---

[115] L. c., S. 255.

[116] L. c., S. 254.

[117] „Akkumuliert, Akkumuliert! Das ist Moses und die Propheten! 'Die Industrie liefert das Material, welches die Sparsamkeit akkumuliert.' Also spart, spart, d. h. rückverwandelt möglichst großen Teil des Mehrwerts oder Mehrprodukts in Kapital! Akkumulation um der Akkumulation, Produktion um der Produktion willen, in dieser Formel sprach die klassische Ökonomie den historischen Beruf der Bourgeoisperiode aus." (K. Marx, Das Kapital, Bd. 1, l. c., S. 621.)

nichtung einer ungeheuren Masse von Produktivkräften die Galgenfrist des Kapitals zu verlängern. Sosehr sich das Kapital auch abstrampeln mag, um seine immanente Schranke zu überwinden, es muß dazu Mittel bemühen, welche ihm diese Schranke in immer gewaltigerem Umfang entgegenstellen. Seine geschichtliche Entwicklung bleibt in dieser Zwickmühle befangen. Denn die Krise kann zwar die Produktionskapazität vorübergehend herunterdrücken. Aber aus jeder Krise geht das Kapital mit höherer Produktivität wieder hervor, weil gerade die weniger produktiven Kapitale in dem Reinigungsprozeß aufgerieben werden. Auch die Krise befördert also das Anwachsen des konstanten auf Kosten des variablen Kapitals und damit den tendenziellen Fall der Profitrate. „Die wahre Schranke der kapitalistischen Produktion ist das Kapital selbst, ist dies: daß das Kapital und seine Selbstverwertung als Ausgangspunkt und Endpunkt, als Motiv und Zweck der Produktion erscheint; daß die Produktion nur Produktion für das Kapital ist und nicht umgekehrt die Produktionsmittel bloße Mittel für eine stets sich erweiternde Gestaltung des Lebensprozesses für die Gesellschaft der Produzenten sind." Unter dem Primat des Profits gerät „das Mittel – unbedingte Entwicklung der gesellschaftlichen Produktivkräfte – (...) in fortwährenden Konflikt mit dem beschränkten Zweck, der Verwertung des vorhandnen Kapitals".[118]

Die innerste Konsequenz des Kapitals ist die äußerste Inkonsequenz. Die reine Entfaltung seiner eigenen Bewegungsgesetze treibt es in den „prozessierenden Widerspruch",[119] weil es nicht anders seinen Profit maximieren kann als durch progressive Eliminierung der wertschöpfenden lebendigen Arbeit aus der Produktion und Akkumulation dieser Arbeit in ihrer toten Wertgestalt. Es verzehrt selbst die Basis, auf der es produziert. Diesen Widerspruch nenne ich den *objektiven Widerspruch des Kapitals*, der sich nicht nur im Expansionszwang und in der zyklischen Krisentendenz auswirkt, sondern auf einer bestimmten Stufe der Entwicklung des kapitalistischen Gesamtsystems dieses in eine unüber-

---

[118] K. Marx, Das Kapital, Bd. 3, S. 260.
[119] K. Marx, Grundrisse der Kritik der politischen Ökonomie, l. c., S. 593.

windliche Dauerkrise stürzen muß. Sobald der tendenzielle Fall der Profitrate in einen aktuellen und dauerhaften Fall der Profitmasse umschlägt, wird die Selbstverwertung und Akkumulation des Kapitals aufgehoben. Während die bürgerliche Nationalökonomie dem Ewigkeitsschein der kapitalistischen Produktionsweise aufsitzt, hebt die Kritik der politischen Ökonomie ihren „nur historischen, vorübergehenden Charakter"[120] hervor und begreift sie unter der Perspektive ihrer Negativität und Vergänglichkeit. Es hat sich gezeigt, „daß die durch das Kapital selbst in seiner historischen Entwicklung herbeigeführte Entwicklung der Produktivkräfte, auf einem gewissen Punkt angelangt, die Selbstverwertung des Kapitals aufhebt, statt sie zu setzen. Über einen gewissen Punkt hinaus wird die Entwicklung der Produktivkräfte eine Schranke für das Kapital; also das Kapitalverhältnis eine Schranke für die Entwicklung der Produktivkräfte der Arbeit. Auf diesem Punkt angelangt, tritt das Kapital, d. h. Lohnarbeit, in dasselbe Verhältnis zur Entwicklung des gesellschaftlichen Reichtums und der Produktivkräfte, wie Zunftwesen, Leibeigenschaft, Sklaverei, und wird als Fessel notwendig abgestreift. Die letzte Knechtsgestalt, die die menschliche Tätigkeit annimmt, die der Lohnarbeit auf der einen, des Kapitals auf der andern Seite, wird damit abgehäutet, und diese Abhäutung selbst ist das Resultat der dem Kapital entsprechenden Produktionsweise; die materiellen und geistigen Bedingungen der Negation der Lohnarbeit und des Kapitals, die selbst schon die Negation frührer Formen der unfreien gesellschaftlichen Produktion sind, sind selbst Resultate seines Produktionsprozesses. In schneidenden Widersprüchen, Krisen, Krämpfen drückt sich die wachsende Unangemessenheit der produktiven Entwicklung der Gesellschaft zu ihren bisherigen Produktionsverhältnissen aus. Gewaltsame Vernichtung von Kapital, nicht durch ihm äußre Verhältnisse, sondern als Bedingung seiner Selbsterhaltung, ist die schlagendste Form, worin ihm advice gegeben wird to be gone and to give room to a higher state of social production."[121]

[120] K. Marx, Das Kapital, Bd. 3, l. c., S. 252.
[121] K. Marx, Grundrisse der Kritik der politischen Ökonomie, l. c., S. 635 f.

So zwingend sich die systematische Unvermeidlichkeit einer solchen Götzendämmerung des Kapitalismus aus dem wissenschaftlich entfalteten Begriff des Kapitals einsehen läßt, so wenig läßt sich ein historischer Zeitpunkt vorausberechnen. Dies lag auch nicht in der Absicht von Marx und Engels, die mit guten Gründen davon ausgingen, daß die vergesellschafteten Individuen die langwierige und quälende Prozedur der inneren Auszehrung und Verwesung des Kapitals durch Revolution abkürzen würden. Wenn das Kapital in seinem Akkumulationsprozeß die materiellen Bedingungen einer höheren Produktionsweise schafft und dabei zugleich die Basis seiner Selbstverwertung fortlaufend untergräbt, dann hat die kommunistische Revolution eine objektive Chance. Sie wird virulent, wenn die sozialen Gestehungskosten der Akkumulation des Reichtums in privater Hand so enorm anschwellen, daß sie die Reproduktion der Gesellschaft bedrohen; wenn durch permanente Verwandlung überzähliger Produktivkräfte in ungeheure Destruktivkräfte diese Drohung zur handgreiflichen Gefahr eskaliert; wenn es den Produzenten schließlich zu bunt wird, sich von ökonomisch vermittelten Herrschaftsverhältnissen, die sie selbst täglich mit ihrer Arbeit bedienen, auf Dauer terrorisieren und ruinieren zu lassen; wenn die Not sie drängt, das Nächstliegende und praktisch Vernünftige zu tun: nämlich den blind naturwüchsigen Produktionsprozeß ihrer gemeinsamen Kontrolle zu unterwerfen, um ihn rationell und solidarisch zu regeln. Diese Erwartung von Marx und Engels war nicht die falsche und verstiegene Prophetie, als die sie dem heutigen Spießerbewußtsein und seinen vulgärphilosophischen Nachbetern und Breittretern erscheint, sondern eine realistische und vor allem die einzig vernünftige historische Perspektive, die in der Dynamik der Klassenkämpfe des 19. Jahrhunderts und dem wachsenden politischen Bewußtseins und Organisationsgrad des Proletariats ein empirisches Fundament hatte. Als Marx dem Kapitalismus das Menetekel der „Expropriation der Expropriateurs" an die Wand schrieb, hat er sich nicht von idealistischem Geschichtsoptimismus leiten lassen, sondern von dem materialistischen Gedanken, daß das wohlverstandene Interesse der Individuen einmal bewußt die Geschicke der Gesellschaft bestimmen kann. Ohne dieses Interesse und den Willen, es geschichtlich durchzusetzen, gibt es keine kritische Theorie.

4. Interdisziplinäre Sozialforschung

Zur Erklärung versäumter Revolution

Weil die Revolution der kapitalistischen Gesellschaftsformation in den entwickelten Industrieländern nicht zum Zuge gekommen ist und in der Sowjetunion und China aufgrund widriger Umstände und politischer Fehler ihr Ziel verfehlt hat, ist die Marxsche Kritik praktisch unerledigt geblieben. Das ist auch ihrer theoretischen Substanz schlecht bekommen. Unter der Ägide der II. Internationalen verwandelte sich die materialistische Geschichtsauffassung in eine harmonisierende Fortschrittsdoktrin. Diese bildete den Legitimationskanon der sozialdemokratischen Strategie des Wartens auf die revolutionäre Situation, die bekanntlich nie kommen wollte. Das konformistische Element, das in den Arbeiterorganisationen von Anfang an wirksam und schon von Marx und Engels kritisiert worden war, gewann immer mehr die Oberhand. Nicht die Versuche, das Lebensniveau der Arbeiterklasse schon unter der Herrschaft des Kapitals anzuheben, sind den Gewerkschaften und Sozialdemokraten anzukreiden, sondern daß es damit sein Bewenden hatte. Parallel dazu vollzog sich eine theoretische Regression. Man fiel vom Reflexionsniveau der Klassiker, welche geschichtliche Tendenzen aus der Wechselwirkung und den Kollisionen zwischen Produktivkräften und Produktionsverhältnissen begriffen und die Klassenkämpfe als bestimmenden Faktor stets mit einbezogen hatten, zurück in die „ausgetretenen Hausschuhe der Bourgeoisie"[122]. An die Stelle materialistischer Dialektik trat ein mechanischer Materialismus, der die von der kapitalistischen Akkumulation getragene Produktivkraftentwicklung zum geschichtlichen Bewegungsprinzip und sicheren Garanten des gesellschaftlichen Fortschritts stilisierte. Indem die Sozialdemokraten

---

[122] R. Luxemburg, Sozialreform oder Revolution?, Gesammelte Werke (GW) Bd. 1, Berlin 1982, S. 442.

der ernüchterten Bourgeoisie die verflogenen Illusionen der Aufklärung entgegenhielten, leisteten sie dieser und sich selbst einen
Bärendienst. Daß die vom Kapital entwickelten Produktivkräfte
erst einmal revolutionär angeeignet werden müssen, bevor ihr hu-
manes Potential in vollem Umfang realisiert werden und dann den
Lebensprozeß der Produzenten bereichern kann, geriet in Verges-
senheit, sobald die Funktionäre sich im „Hühnerstall des bürgerlichen Parlamentarismus"[123] einmal bequem eingenistet hatten. In-
tegre Intellektuelle wie Rosa Luxemburg kritisierten die Zurich-
tung der Marxschen Theorie „für den jeweiligen Hausbedarf der
Parteiinstanzen zur Rechtfertigung ihrer Tagesgeschäfte",[124]
konnten aber auf wenig Unterstützung rechnen. Im Maße wie ihre
Führungskader sich mit dem Fortbestand bürgerlicher Herrschaft
arrangierten, versäumte die Sozialdemokratie, was nach Marx
und Engels ihre wichtigste Aufgabe gewesen wäre: die Arbeiterpopulation durch Entwicklung einer bewußten Klassensolidarität
und Kampfbereitschaft in die Lage zu versetzen, sich vom Joch des
Kapitalismus zu befreien.

Die konformistische Praxis der Sozialdemokratie war keine
Folge theoretischer Mißverständnisse. Umgekehrt wird ein Schuh
draus. Die wüsten Verbiegungen und Verfälschungen der Theorie
dienten dem ideologischen Zweck, eine pragmatisch hinhaltende,
feige taktierende und schließlich offen mit der imperialistischen
Bourgeoisie paktierende Politik unter klassenkämpferischer und
antimilitaristischer Folklore zu verhüllen. So sehr läßt eine Theorie sich nicht mißverstehen, daß man aus der Marxschen Kapi-
talismuskritik Gründe für die Unterstützung des imperialistischen Weltkriegs herauslesen könnte. Vielmehr offenbarte sich bei
der Abstimmung über die Kriegskredite am 4. August 1914, daß
die sozialdemokratische Führung fast geschlossen die Seiten ge-
wechselt hatte. Die Arbeiterparteien anderer Länder folgten dem
Beispiel der deutschen Genossen. Rosa Luxemburg, die bis zuletzt zum Widerstand gegen die imperialistische Kriegsmaschine
aufgerufen hatte und deshalb unter der preußischen Militärdik-

---

[123] L.c., S. 433.
[124] R. Luxemburg, Der Wiederaufbau der Internationale, GW Bd. 4,
Berlin 1983, S. 24.

tatur gefangengesetzt wurde, zog eine düstere Bilanz: „Der Weltkrieg hat die Resultate der vierzigjährigen Arbeit des europäischen Sozialismus zunichte gemacht, indem er die Bedeutung der revolutionären Arbeiterklasse als eines politischen Machtfaktors und das moralische Prestige des Sozialismus vernichtet, die proletarische Internationale gesprengt, ihre Sektionen zum Brudermord gegeneinander geführt und die Wünsche und Hoffnungen der Volksmassen in den wichtigsten Ländern der kapitalistischen Entwicklung an das Schiff des Imperialismus gekettet hat. Durch die Zustimmung zu den Kriegskrediten und die Proklamierung des Burgfriedens haben die offiziellen Führer der sozialistischen Parteien in Deutschland, Frankreich und England dem Imperialismus den Rücken gestärkt, die Volksmassen zum geduldigen Ertragen des Elends und der Schrecken des Krieges veranlaßt und so zur zügellosen Entfesselung der imperialistischen Furien, zur Verlängerung des Massenmordes und zur Vermehrung seiner Opfer beigetragen, die Verantwortung für den Krieg und seine Folgen mit übernommen."[125] Der Weltkrieg hat die gutmütige Fortschrittsphraseologie der Sozialdemokraten als wahnhafte Beschwichtigung entlarvt. Die erste, die die nach der vernichtenden Niederlage der organisierten Arbeiterbewegung veränderte historische Perspektive auf den Begriff bringen konnte, war wiederum Rosa Luxemburg. In ihrer Schrift ›Die Krise der Sozialdemokratie‹ von 1916 formulierte sie Einsichten, an denen die kritische Gesellschaftstheorie des zwanzigsten Jahrhunderts nicht mehr vorbeikommt. „Friedrich Engels sagt einmal: Die bürgerliche Gesellschaft steht vor einem Dilemma, entweder Übergang zum Sozialismus oder Rückfall in die Barbarei. Was bedeutet ein 'Rückfall in die Barbarei' auf unserer Höhe der europäischen Zivilisation? Wir haben wohl alle die Worte bis jetzt gedankenlos gelesen und wiederholt, ohne ihren furchtbaren Ernst zu ahnen. Ein Blick um uns in diesem Augenblick zeigt, was ein Rückfall der bürgerlichen Gesellschaft in die Barbarei bedeutet. Dieser Weltkrieg – das ist ein Rückfall in die Barbarei. Der Triumph des Imperialismus führt zur Vernichtung der Kultur – sporadisch während der Dauer eines mo-

---

[125] R. Luxemburg, Entwurf zu den Junius-Thesen, GW Bd. 4, l. c., S. 43.

dernen Krieges und endgültig, wenn die nun begonnene Periode der Weltkriege ungehemmt bis zur letzten Konsequenz ihren Fortgang nehmen sollte. (...) Noch ein solcher Weltkrieg, und die Aussichten des Sozialismus sind unter den von der imperialistischen Barbarei aufgetürmten Trümmern begraben. (...) Wir stehen also heute (...) vor der Wahl: entweder Triumph des Imperialismus und Untergang jeglicher Kultur, wie im alten Rom, Entvölkerung, Verödung, Degeneration, ein großer Friedhof; oder Sieg des Sozialismus, d. h. der bewußten Kampfaktion des internationalen Proletariats gegen den Imperialismus und seine Methode: den Krieg. Dies ist ein Dilemma der Weltgeschichte, ein Entweder – Oder, dessen Waagschalen zitternd schwanken vor dem Entschluß des klassenbewußten Proletariats."[126] Der imperialistische Weltkrieg, der die ökonomische Krise des Kapitals hinausschob, hat zugleich die geschichtliche Krise des Kapitalismus eröffnet. Der Begriff der geschichtlichen Krise bezeichnet eine bestimmte historische Frist, in der sich entscheidet, ob das im Kapitalismus steckende Vernunftpotential in einer gerechteren und humaneren Gesellschaft verallgemeinert werden kann oder ob es in den gewaltsamen Eruptionen naturwüchsiger Machtkämpfe und Herrschaftsverhältnisse vernichtet wird.

Mit dem Ende des Krieges verschärften sich die Klassenkämpfe, und in einer Reihe europäischer Länder kam es zur Revolution, die jedoch nur in Rußland zur Machteroberung einer marxistischen Partei und einer tiefgreifenden gesellschaftlichen Veränderung führte. In Deutschland stellte sich die Sozialdemokratie für die kurzfristige Stabilisierung der kapitalistischen Ordnung zur Verfügung und scheute dabei auch den Pakt mit dem Teufel nicht. In blindem konterrevolutionärem Eifer halfen die Sozialdemokraten der feudalen und völkischen Reaktion auf die Beine, für die die bürgerliche Republik nur eine Etappe auf dem Durchmarsch zum Faschismus war. „Das äußerste Entsetzen heute", schrieb Horkheimer 1938, „hat seinen Ursprung nicht 1933, sondern 1919 in der Erschießung von Arbeitern und Intellektuellen durch die feudalen Helfershelfer der ersten Republik. Die sozialistischen

---

[126] R. Luxemburg, Die Krise der Sozialdemokratie, GW Bd. 4, l. c., S. 62, 163.

Regierungen waren essentiell ohnmächtig."[127] Mit ihrer Billigung wurden die Arbeiteraufstände in zahlreichen deutschen Städten, darunter die Münchner Räterepublik, von den Freikorps zusammengeschossen. Die politische und logistische Unterstützung der Sozialdemokratie verschaffte dem konterrevolutionären Terror die demokratische und regierungsamtliche Reputation. Die Freikorpsschergen hatten nichts zu fürchten, als sie im Januar 1919 die Führer des Spartakusbundes, Rosa Luxemburg und Karl Liebknecht, bestialisch ermordeten. Die große Revolutionärin, die der Bourgeoisie das Menetekel vom Rückfall in Barbarei an die Wand geschrieben hatte, wurde selbst deren Opfer. – Von diesem Verlust ihrer intellektuellen Avantgarde in der Gründungsphase ihrer Partei haben sich die deutschen Kommunisten nicht mehr erholt. „Der Platz jener, welche erschlagen oder kampfunfähig gemacht sind, wird schlecht und recht aus den Reihen der Kämpfenden ausgefüllt, meist schlecht, denn der Gegner weiß die zu treffen, welche ihm gefährlich sind. (...) Die revolutionäre Karriere führt nicht über Bankette und Ehrentitel, über interessante Forschungen und Professorengehälter, sondern über Elend, Schande, Undankbarkeit, Zuchthaus ins Ungewisse, das nur ein fast übermenschlicher Glaube erhellt. Von bloß begabten Leuten wird sie daher selten eingeschlagen."[128]

Die aus der russischen Revolution hervorgegangene Sowjetunion und die von ihr dominierte III. Internationale berief sich nun ohne sozialdemokratische Distanzierungen auf die Theorie von Marx. Dabei wurde sie allerdings immer weniger als ein Instrument zur Aufhellung gesellschaftlicher Verhältnisse und Tendenzen, sondern eher als ein ideologisches Fundament verstanden, das den enormen Legitimationsbedarf der sowjetischen Entwicklungsdiktatur zu decken hatte. Obwohl zumindest die kommunistischen Parteien Westeuropas ein virulentes Interesse haben mußten, das unter den sozialdemokratischen Fortschrittsphrasen verschüttete Aufklärungspotential der Theorie wieder

[127] M. Horkheimer, Die Philosophie der absoluten Konzentration, ZfS (Jg. 7) 1938, S. 384.
[128] M. Horkheimer, Dämmerung, Notizen in Deutschland, Frankfurt a. M. 1974, S. 257 f.

fruchtbar zu machen, ließen sie die endgültige Verknöcherung der Theorie zur „wissenschaftlichen Weltanschauung des Proletariats" über sich ergehen. Der Marxismus-Leninismus verwandelte Marx' rücksichtslose Kritik alles Bestehenden und Lenins revolutionäre Entschlußkraft in einen sterilen Totenkult. – Nur außerhalb der parteioffiziellen Dogmatik gab es ernstzunehmende Versuche einer kritischen Aufarbeitung der marxistischen Tradition. Dazu gehören Karl Korschs Überlegungen zum Verhältnis von Marxismus und Philosophie, in denen eine Selbstreflexion des historischen Materialismus angemahnt und vorbereitet wird; ferner Georg Lukács' Studien über Geschichte und Klassenbewußtsein, die wie bereits Korsch auf die Bedeutung der Philosophie Hegels für die Entwicklung und das Verständnis der Marxschen Theorie verweisen.[129] Vor allem Lukács beeinflußte die Theorieaneignung Horkheimers und vieler seiner späteren Mitarbeiter, die genau in die Phase zwischen Weltkrieg und Wirtschaftskrise fiel.

In dieser Zeit wurde in Frankfurt das Institut für Sozialforschung gegründet. Felix Weil, Sohn eines in Argentinien ansässigen Getreidegroßkaufmanns, gab den Anstoß dafür und stiftete auch das Institutskapital. Seit 1924 arbeitete das Institut unter Leitung von Carl Grünberg, der ein großes Archiv zur Geschichte der Arbeiterbewegung anlegen ließ und zwei bedeutende marxistische Wirtschaftstheoretiker an das Institut holte: Henryk Grossmann, mit dem er seit seiner Studienzeit in Wien bekannt war, und den Horkheimer-Freund Friedrich Pollock. Grossmann arbeitete an systematischen Studien zur Marxschen Kapital- und Krisentheorie, die – wie sich bald zeigte – von den meisten Theoretikern der II. Internationalen überhaupt nicht vollständig rezipiert worden war.[130]

---

[129] Cf. K. Korsch, Marxismus und Philosophie, Frankfurt a. M. 1966, sowie G. Lukács, Geschichte und Klassenbewußtsein, Darmstadt und Neuwied 1981.

[130] Cf. Grossmanns im ersten Heft der ›Zeitschrift für Sozialforschung‹ publizierten Aufsatz: Die Wert-Preis-Transformation bei Marx und das Krisenproblem (ZfS [Jg. 1] 1932, S. 55 ff.). Grossmann weist hier auf den von Marx im 3. Band des ›Kapital‹ dargestellten Gesamtprozeß der kapitalistischen Produktion und dessen Bedeutung für die Krisentheorie hin

1929 erschien sein Hauptwerk unter dem Titel ›Das Akkumulations- und Zusammenbruchsgesetz des kapitalistischen Systems‹. Wie aktuell es war, zeigte sich im Oktober des gleichen Jahres, als der New Yorker Börsenkrach die bislang einschneidenste Wirtschaftskrise auslöste. Auch Pollock, der gerade seine Studien über die planwirtschaftlichen Versuche in der Sowjetunion veröffentlicht hatte, warf sich nun auf die Krisentheorie. 1930, noch im ersten Jahr der globalen Krise, übernahm Max Horkheimer die Leitung des Instituts für Sozialforschung, Leo Löwenthal wurde Assistent. Weitere vom Marxismus angewehte Intellektuelle wie Theodor W. Adorno und Erich Fromm wurden an der nun einsetzenden Selbstverständigung über die künftige Institutsarbeit beteiligt. Horkheimers Konzeption sah eine materialistische Sozialforschung vor, die sich der arbeitsteiligen Wissenschaften aus reflektierter Distanz zu bedienen wußte. Vom historischen Materialismus und der Kritik der politischen Ökonomie ausgehend wollte man versuchen, den subjektiven und objektiven Mächten auf die Spur zu kommen, welche die vergesellschafteten Individuen immer wieder gegen ihre elementaren Interessen organisieren. Denn die Krise hatte zwar den Widersinn der kapitalistischen Produktionsweise erneut an den Tag gebracht, ihr soziales Fundament aber nicht erschüttern können. Die industrielle Produktion war gemessen an ihrem Höchststand im Sommer 1929 fast um die Hälfte zurückgegangen. Nie zuvor wurden so viele Geschäftszusammenbrüche wie 1931 verzeichnet. Die Zahl der Arbeitslosen für sämtliche Industriestaaten im gleichen Jahr schätzte Pollock auf zwanzig Millionen. Hinzuzufügen ist, daß bereits durch den Weltkrieg annähernd zehn Millionen Menschen hinweggerafft und ebenso viele arbeitsunfähig gemacht worden waren. Es war eine Produktivkraftvernichtung im großen Stil. „Die Menschheit, die in ihrer Geschichte keinen Abschnitt kannte, in dem sie absolut und pro Kopf gerechnet so reich an Produktionsmitteln und hochqualifizierten Arbeitskräften war wie heute, verarmt auf doppelte Weise: durch die ungeheure Brachlegung der sachlichen und persönlichen Produktivkräfte und durch die Vernichtung eines Teiles

und setzt sich kritisch mit R. Luxemburgs ökonomischem Hauptwerk ›Die Akkumulation des Kapitals‹ auseinander.

des Geschaffenen."[131] Schon vor Ausbruch der Krise hatte sich Horkheimer der Warnung Rosa Luxemburgs erinnert: „Die Lösung der Frage, ob die Klassengesellschaft weiterbesteht oder ob es gelingt, den Sozialismus an ihre Stelle zu setzen, entscheidet über den Fortschritt der Menschheit oder ihren Untergang in Barbarei."[132] 1933 notierte er: „Nie stand die Armut der Menschen in schreienderem Gegensatz zu ihrem möglichen Reichtum als gegenwärtig, nie waren alle Kräfte grausamer gefesselt als in diesen Generationen, wo die Kinder hungern und die Hände der Väter Bomben drehen. Die Welt scheint einem Unheil zuzutreiben oder sich vielmehr schon in ihm zu befinden, das innerhalb der uns vertrauten Geschichte nur mit dem Untergang der Antike verglichen werden kann."[133]

Daß die Hoffnungen auf Revolution, die nach der Marxschen Theorie im engsten Zusammenhang mit der Krise stehen, auch diesmal gründlich enttäuscht würden, hatte sich spätestens bei der Reichstagswahl im September 1930 gezeigt, bei der die NSDAP den Durchbruch zur Massenpartei schaffte. Im Institut kam man zu dem Schluß, „daß es falsch ist, das notwendige Ende des Kapitalismus für eine nahe Zukunft vorauszusagen. Die Dauerhaftigkeit eines Wirtschafts- und Gesellschaftssystems ist aber nicht nur abhängig von seinen 'technischen' Mitteln für die Bewältigung seiner ökonomischen Aufgaben, sondern ebenso von der Widerstandskraft derjenigen Schichten, die die Lasten der bestehenden Ordnung zu tragen haben."[134] Das Proletariat war schon durch den Krieg und die niedergeschlagene Revolution 1918/19 demoralisiert worden. In der Krise wurden die Arbeitslosen durch die Not zermürbt, aber auch die Widerstandskraft der beschäftigten Arbeiter wurde durch Konkurrenzdruck und Existenzangst paralysiert, die Waffe des Streiks ausgeschaltet. Unter den durch die In-

---

[131] F. Pollock, Die gegenwärtige Lage des Kapitalismus und die Aussichten einer planwirtschaftlichen Neuordnung, ZfS (Jg. 1) 1932, S. 9.

[132] M. Horkheimer, Dämmerung, Notizen in Deutschland, l. c., S. 252.

[133] M. Horkheimer, Materialismus und Moral, ZfS (Jg. 2) 1933, S. 183.

[134] F. Pollock, Bemerkungen zur Wirtschaftskrise, ZfS (Jg. 2) 1933, S. 350.

flation expropriierten und in der Krise erneut verunsicherten Kleinbürgern zeigte sich die Mehrzahl empfänglich für das völkische Ressentiment und den Ruf nach dem starken Mann. Nicht revolutionäre, sondern autoritäre Krisenlösungen standen auf der Tagesordnung. Weil die sozialen Kräfteverhältnisse den fälligen Sturz der kapitalistischen Ordnung nicht zuließen, trat das Krisenmanagement auf den Plan, als ein Großteil des um den Mehrwert konkurrierenden Kapitals bereits vernichtet war. Pollock rechnete mit einem gewaltigen Konzentrationsschub, der die Bildung von Trusts, Kartellen und Monopolen enorm beschleunigen würde; ferner mit der raschen Entwicklung des Instrumentariums staatlicher Wirtschaftslenkung durch Subvention angeschlagener Unternehmen, Umschuldungen, Arbeitsbeschaffungsprogramme, gesetzliche Eingriffe in die Bewegung von Löhnen und Preisen sowie antizyklische Ausgabenpolitik nach keynesianischem Muster. Ein derartiges Krisenmanagement verlangte schließlich die korporativistische Integration der Arbeiterklasse, entweder durch freiwillige Kooperation ihrer Organisationen mit der Regierung wie im amerikanischen New Deal oder durch ihre gewaltsame Zerschlagung wie im deutschen Faschismus. Pollocks Resümee: „Was zu Ende geht, ist nicht der Kapitalismus, sondern nur seine liberale Phase. Ökonomisch, politisch und kulturell wird es in Zukunft für die Mehrzahl der Menschen immer weniger Freiheiten geben."[135]

Die Krise der Wirtschaft korrespondierte mit einer Krise des gesellschaftlichen Bewußtseins. Breite Schichten der kleinen und mittleren Bourgeoisie waren von einer kulturellen Verunsicherung erfaßt worden, insbesondere in den Ländern der nach dem Krieg zusammengebrochenen Monarchien. Symptomatisch war aber auch die Vernebelung des Bewußtseins und die politische Lähmung unter den Proletariern, obwohl offensichtlich das Kapital sich selbst im Wege stand und auch die Wirtschaftskapitäne nicht mehr wußten, wohin mit dem akkumulierten Mehrwert. „Was fällt, das soll man auch noch stoßen!" hatte einst Zarathustra gelehrt[136], aber jetzt, als das Kapital sich zum Fall neigte, war niemand bereit, den Stoß zu führen. Die Massen der vom Kapital ab-

---

[135] L. c.
[136] F. Nietzsche, Also sprach Zarathustra, Stuttgart 1975, S. 231.

hängigen Arbeiter und Angestellten starrten wie das Kaninchen auf die Schlange und ließen sich mit in die Krise hinabziehen. Statt sich die gesellschaftlichen Produktivkräfte kollektiv anzueignen, sahen sie ihrer Vernichtung ohnmächtig zu. Kein Wunder, daß sich das Interesse der im Institut für Sozialforschung versammelten Wissenschaftler auf die Ideologie konzentrierte, die zu einer mächtigen Stütze des überreifen Kapitalismus geworden war. Dabei griffen sie zurück auf die Ideologienlehre von Marx, die allerdings in der II. und III. Internationalen auf ein undialektisches Basis-Überbau-Schema reduziert worden war. Während Marx die bürgerliche Ideologie, also etwa den Liberalismus, auf die durch den Klassengegensatz bestimmte soziale Wirklichkeit bezogen und in einem immanent kritischen Verfahren aus der Ideologie deren Wahrheit hervorgetrieben hatte, leiteten seine marxistischen Nachfolger die Ideologie schematisch aus der Klassenzugehörigkeit der Individuen und der Stellung der Klassen zur Produktion ab. Damit leisteten sie selbst der späteren Verflachung des Begriffs durch die Wissenssoziologie Vorschub. Indem sie der bürgerlichen eine „proletarische" Ideologie gegenüberstellten, ließen sie die Ideologie ihrem Inhalt nach auf die Seite des Subjekts fallen, wohingegen Marx sie noch objektiv, als gesellschaftlich notwendigen Schein bestimmt hatte. Wenn aber die Kritiker der bürgerlichen Ideologie dieser nichts anderes entgegenzusetzen haben als wiederum eine Ideologie, wird es zur Sache weltanschaulicher Entscheidung, welcher man sich anschließt. Selbst so bedeutende Theoretiker wie Lukács und Korsch sind diesem groben Mißverständnis aufgesessen, das sich dann im „Diamat" zu dem gestanzten Wortungeheuer der „wissenschaftlichen Weltanschauung der Arbeiterklasse"[137] verselbständigt hat. Der verdinglichte und affirmative Gebrauch einer vormals kritischen Kategorie, über den sich die weltanschaulichen und politischen Lager stillschweigend verständigt haben, ist typischer Ausdruck dessen, was Horkheimer und Adorno das Ticketdenken genannt haben. In der Phase des Kalten Krieges hat sich gezeigt, wie der nüchtern die Ideologien verachtende Tatsachensinn mit dem aufgesetzten Pa-

---

[137] Cf. etwa G. Klaus/M. Buhr (Hrsg.), Philosophisches Wörterbuch, Bd. 2, Berlin 1975, S. 761.

thos des weltanschaulichen Manichäismus zusammenging. „Die von den Politikern der Lager ausposaunte Unversöhnlichkeit der Ideologien ist selber nur noch eine Ideologie der blinden Machtkonstellation."[138] Als wahr gilt nicht mehr der kritische Bezug der Ideologie auf die Wirklichkeit, sondern die Weltanschauung, die sich durch Macht behauptet.

Unbeirrt von allen weltanschaulichen Verzerrungen haben Horkheimer und seine Mitarbeiter den strengen, objektiven Ideologiebegriff von Marx aufgegriffen, um die Unangemessenheit des Bewußtseins der Zeitgenossen an die Realität der Krise zu durchleuchten. „Alle Verhaltungsweisen der Menschen, welche die wahre Natur der auf Gegensätze aufgebauten Gesellschaft verhüllen, sind ideologisch, und die Feststellung, ob philosophische, moralische, religiöse Glaubensakte, wissenschaftliche Theorien, Rechtssätze, kulturelle Institutionen diese Funktion ausüben, betrifft keineswegs den Charakter ihrer Urheber, sondern die objektive Rolle, die jene Akte in der Gesellschaft spielen. (...) Der ideologische Schein entsteht bei den Mitgliedern einer Gesellschaft notwendig auf Grund ihrer Stellung im Wirtschaftsleben; erst wenn die Verhältnisse so weit fortgeschritten sind, die Interessengegensätze eine solche Schärfe erreicht haben, daß auch ein durchschnittliches Auge den Schein durchdringen kann, pflegt sich ein eigener ideologischer Apparat mit selbstbewußten Tendenzen auszubilden. Mit der Gefährdung einer bestehenden Gesellschaft durch die ihr immanenten Spannungen wachsen die auf Erhaltung der Ideologie gerichteten Energien und werden schließlich die Mittel verschärft, sie gewaltsam zu stützen."[139] Die Selbstverständigungsdiskussion in der ›Zeitschrift für Sozialforschung‹ war von der Anstrengung bestimmt, mit Hilfe des historischen Materialismus die immanente Funktionsweise und die gesellschaftliche Tragweite der Ideologisierung des Bewußtseins zu erforschen. Dazu gehörte etwa die Frage, wie weit die tradierte bürgerliche Kultur bereits im ideologischen Apparat aufgegangen war.

---

[138] M. Horkheimer/Th. W. Adorno, Dialektik der Aufklärung, Frankfurt a. M. 1969, S. 214.

[139] M. Horkheimer, Bemerkungen über Wissenschaft und Krise, l. c., S. 5.

Adorno und Löwenthal entwickelten Thesen zur Musik und Literatur, die den gesellschaftlichen Standort dieser Künste skizzieren sollten. Adorno stellte fest, daß der spätkapitalistische Kulturbetrieb die Musik außermusikalischen Gesetzen unterwirft, um sie für die Zwecke der „aufgedunsenen Vergnügungsapparatur"[140] zuzurichten. Dadurch entsteht eine immer tiefere Kluft zwischen der Rezeptionsfähigkeit des Publikums und der Musik. Diese „Gesellschafts-Fremdheit der Musik"[141] betrifft keineswegs nur deren avancierte Produktionen, sondern auch die standardisierte Schlager-, Jazz- und Popmusik, die sich mit Hilfe der audiovisuellen Medien zu einer nie verstummenden Geräuschkulisse verdichtet hat. Das in seiner Fremdheit vertraute Heulen, Klappern und Stampfen der kommerziellen Musikmaschine begleitet den Alltag der Zeitgenossen wie der Fabrik- und Verkehrslärm, von dem es kaum zu unterscheiden ist. – Löwenthals Thesen zur gesellschaftlichen Lage der Literatur geben einen recht guten Einblick in die am Institut laufende Entwicklung eines materialistischen Kultur- und Ideologiebegriffs. „Die geschichtliche Erklärung der Dichtung hat die Aufgabe zu untersuchen, was von bestimmten gesellschaftlichen Strukturen in der einzelnen Dichtung zum Ausdruck kommt und welche Funktion die einzelne Dichtung in der Gesellschaft ausübt. Die Menschen stehen zum Zweck der Erhaltung und Erweiterung ihres Lebens in bestimmten Produktionsverhältnissen. Diese stellen sich gesellschaftlich als die miteinander ringenden Klassen dar, und die Entwicklung ihrer Beziehungen bildet die reale Grundlage für die verschiedenen Sphären der Kultur. Von der jeweiligen Struktur der Produktion, d. h. von der Ökonomie hängt nicht nur die Gestaltung der Eigentums- und Staatsverhältnisse, sondern zugleich die der gesamten menschlichen Lebensformen in jeder geschichtlichen Epoche ab. Jede „Geistes"- und „Verstehens"wissenschaft, die sich auf die Autonomie oder mindestens auf die autonome Deutbarkeit gesellschaftlicher Überbaugebilde beruft, vergewaltigt das Wissen-

---

[140] M. Horkheimer/Th. W. Adorno, Dialektik der Aufklärung, l. c., S. 147.
[141] Th. W. Adorno, Zur gesellschaftlichen Lage der Musik, ZfS (Jg. 1) 1932, S. 104.

schaftsgebiet der menschlichen Vergesellschaftung. (...) Die materialistische Geschichtserklärung vermag nicht in der gleichen simplifizierenden und isolierenden Art und Weise vorzugehen, die wir an der ihr entgegengesetzten Haltung festgestellt haben. Es hieße jene Theorie schlecht verstehen, wollte man ihr den Glauben an eine unmittelbare Ableitung der Gesamtkultur aus der Wirtschaft zuschieben, ja wollte man nur von ihr behaupten, sie versuche die Grundzüge kultureller und psychischer Gebilde aus einer bestimmten ökonomisch erklärten Struktur abzulesen. Es kommt ihr vielmehr darauf an, zu zeigen, in wie vermittelter Weise sich die grundlegenden Lebensverhältnisse der Menschen in allen ihren Formen, also auch in der Literatur, ausdrücken. Damit gewinnt die Psychologie ihren ganz bestimmten Ort in der Literaturwissenschaft", welche „zu einem großen Teil Ideologienforschung" ist. „Denn die Ideologie ist ein Bewußtseinsinhalt, der die Funktion hat, die gesellschaftlichen Gegensätze zu vertuschen und an Stelle der Erkenntnis der sozialen Antagonismen den Schein der Harmonie zu setzen."[142]

Die Verzahnung der materialistischen Geschichtsauffassung mit der modernen Tiefenpsychologie, die hier anklingt, zählt zu den bedeutendsten Leistungen der kritischen Theorie des zwanzigsten Jahrhunderts. Bereits 1932 entwarf Horkheimer das Programm dazu: „Daß die Menschen ökonomische Verhältnisse, über die ihre Kräfte und Bedürfnisse hinausgewachsen sind, aufrecht erhalten, anstatt sie durch eine höhere und rationalere Organisationsform zu ersetzen, ist nur möglich, weil das Handeln numerisch bedeutender sozialer Schichten nicht durch die Erkenntnis, sondern durch eine das Bewußtsein verfälschende Triebmotorik bestimmt ist. Keineswegs bloß ideologische Machenschaften bilden die Wurzel dieses historisch besonders wichtigen Moments – eine solche Deutung entspräche der rationalistischen Anthropologie der Aufklärung und ihrer historischen Situation –, sondern die psychische Gesamtstruktur dieser Gruppen, d. h. der Charakter ihrer Mitglieder wird im Zusammenhang mit ihrer Rolle im ökonomischen Prozeß fortwährend erneuert. Die Psychologie wird daher zu diesen tieferliegenden psychischen Faktoren, mittels deren die

---

[142] L. Löwenthal, Zur gesellschaftlichen Lage der Literatur, ZfS (Jg. 1) 1932, S. 92–95.

Ökonomie die Menschen bestimmt, vorzustoßen haben, sie wird weitgehend Psychologie des Unbewußten sein. (...) Je weniger das Handeln aber der Einsicht in die Wirklichkeit entspringt, ja dieser Einsicht widerspricht, um so mehr ist es notwendig, die irrationalen, zwangsmäßig die Menschen bestimmenden Mächte psychologisch aufzudecken."[143] Diese Aufgabe der Erforschung der vermittelnden psychischen Vorgänge bei der Aufrichtung von Ideologien und in den Kulturleistungen allgemein fällt der Tiefenpsychologie zu, wie sie von Sigmund Freud entwickelt wurde. „Freud hat wohl die biologisch-physiologische Bedingtheit der Triebe erkannt, er hat aber gerade nachgewiesen, in welchem Maße diese Triebe modifizierbar sind und daß der modifizierende Faktor die Umwelt, die gesellschaftliche Realität ist. (...) Die sozialpsychologischen Erscheinungen sind aufzufassen als Prozesse der aktiven und passiven Anpassung des Triebapparates an die sozialökonomische Situation. (...) Die Familie ist das wesentlichste Medium, durch das die ökonomische Situation ihren formenden Einfluß auf die Psyche des einzelnen ausübt. Die Sozialpsychologie hat die gemeinsamen – sozial relevanten – seelischen Haltungen und Ideologien – und insbesondere deren unbewußte Wurzeln – aus der Einwirkung der ökonomischen Bedingungen auf die libidinösen Strebungen zu erklären."[144] Die am Institut durchgeführten empirischen Untersuchungen konzentrierten sich auf den autoritätsgebundenen Charaktertypus, der die Formierung faschistischer Kollektive und autoritärer Staaten begünstigt. Forschungsergebnisse wurden erstmals 1936 unter dem Titel ›Studien über Autorität und Familie‹[145] veröffentlicht.

In diesen Themenkreis gehört auch Fromms Untersuchung zum Gefühl der Ohnmacht, das den modernen Geschäftigkeits- und Tatendrang begleitet wie der Schatten das Licht. „Der bürgerliche Charakter weist einen eigenartigen Zwiespalt auf. Einerseits hat

---

[143] M. Horkheimer, Geschichte und Psychologie, ZfS (Jg. 1) 1932, S. 135.

[144] E. Fromm, Über Methode und Aufgabe einer analytischen Sozialpsychologie, ZfS (Jg. 1) 1932, S. 34, 39 f.

[145] M. Horkheimer, E. Fromm, H. Marcuse u. a., Studien über Autorität und Familie, Lüneburg 1987.

er eine sehr aktive, auf bewußte Gestaltung und Veränderung der Umwelt ausgerichtete Einstellung. Der bürgerliche Mensch hat mehr als der Mensch irgendeiner früheren Geschichtsepoche den Versuch gemacht, das Leben der Gesellschaft nach rationalen Prinzipien zuordnen, es in der Richtung des größten Glückes für die größte Zahl der Menschen zu verändern und den einzelnen aktiv an dieser Veränderung zu beteiligen. Er hat gleichzeitig die Natur in einem bisher nie gekannten Maß bezwungen. (...) Andererseits aber weist der bürgerliche Mensch gerade schroff entgegengesetzte Charakterzüge auf. Er produziert eine Welt der großartigsten und wunderbarsten Dinge; aber diese seine eigenen Geschöpfe stehen ihm fremd und drohend gegenüber; sind sie geschaffen, so fühlt er sich nicht mehr als ihr Herr, sondern als ihr Diener. Die ganze materielle Welt wird zum Monstrum einer Riesenmaschine, die ihm Richtung und Tempo seines Lebens vorschreibt. Aus dem Werk seiner Hände, bestimmt, ihm zu dienen und ihn zu beglücken, wird eine ihm entfremdete Welt, der er demütig und ohnmächtig gehorcht. Dieselbe Haltung der Ohnmacht hat er auch gegenüber dem sozialen und politischen Apparat." Dies Ohnmachtsgefühl „ist in der Beschreibung und Analyse des bürgerlichen Charakters bisher immer zu kurz gekommen", weil es „dem bürgerlichen Menschen – im Gegensatz zu bestimmten Typen religiöser Menschen – im wesentlichen nicht bewußt und auf Grund rein deskriptiv-psychologischer Methoden kaum zu erfahren" ist.[146] Zu sehr widerspricht es dem Selbstverständnis und Image, als daß er es sich und anderen unumwunden eingestehen mag. Die meisten Menschen erfahren die Ohnmacht bereits in ihrer Kindheit. Das „Nichternstnehmen des Kindes, das sich hinter Verzärtelung und Verwöhnung versteckt", ist eine typische Attitüde der Erwachsenen, die genau wissen, „daß das Kind aus eigenem Recht nichts anordnen, nichts vollbringen, nichts beeinflussen, nichts verändern kann". Zu diesem Nichternstnehmen gehören die unbeantworteten Fragen, die nichtgehaltenen Versprechen der Erwachsenen, die grundlos unterdrückten Wünsche, die schikanösen Maßregelungen. Dem Kind bleibt „das Gefühl, daß man nicht mit ihm rechnet und daß man sich im Grunde alles gegen es erlauben kann. (...) Das leichte

---

[146] E. Fromm, Zum Gefühl der Ohnmacht, ZfS (Jg. 6) 1937, S. 95 f.

und kaum wahrnehmbare Lächeln, wenn das Kind etwas Selbständiges sagt oder tut, kann eine ebenso niederschmetternde Wirkung haben wie die gröbsten Versuche, seinen Willen zu brechen."[147] Dieses scheinbar harmlose und selbstverständliche Verhalten der Erwachsenen gegenüber Kindern hat seinen Grund in einem brutalen Gesetz. „In der bürgerlichen Gesellschaft beruht der Wert des Menschen auf seiner ökonomischen Leistungsfähigkeit. Das Maß an Respekt, das ihm entgegengebracht wird, hängt von dem Ausmaß seiner ökonomischen Kapazität ab. Menschen, die ökonomisch keine Potenz darstellen, sind letzten Endes auch menschlich unbeachtlich."[148]

Im Gegensatz zu den Kranken und Alten, die ebenfalls nicht ernst genommen werden, darf das Kind noch die Hoffnung hegen, einmal die ökonomische Macht zusammenraffen zu können, die den anderen den Respekt abverlangt. Meist wird sie enttäuscht, denn den Aufstieg in die Bourgeoisie schaffen bekanntlich nur wenige auf Kosten vieler. Für diese verschärft die Orientierung an der Karriere, die ihnen verstellt ist, das Ohnmachtsgefühl. „Dem Erwachsenen wird gesagt, er könne alles erreichen, was er wolle, wenn er es nur wirklich wolle und sich anstrenge, und er sei ebenso für seinen Erfolg wie für das Mißlingen selbst verantwortlich. Das Leben wird ihm als ein großes Spiel hingestellt, in dem in erster Linie nicht der Zufall, sondern eigenes Geschick, eigener Fleiß und eigene Energie entscheiden. Diesen Ideologien stehen die faktischen Verhältnisse schroff gegenüber. Der durchschnittliche Erwachsene unserer Gesellschaft ist tatsächlich ungeheuer ohnmächtig, und diese Ohnmacht wirkt noch um so drückender, als er ja glauben gemacht wird, es müßte eigentlich ganz anders sein und es sei sein Verschulden, wenn er so schwach sei. Er hat gar keine Macht, sein eigenes Schicksal zu bestimmen. (...) Ob er überhaupt Arbeit bekommen, welchen Beruf er wählen kann, wird im wesentlichen von Faktoren bestimmt, die von seinem Willen und seiner Anstrengung unabhängig sind. (...) Gefühle, Meinungen, Geschmack werden ihm eingehämmert, und jede Abweichung bezahlt er mit verstärkter Isolierung. Die Statistik kann ihm zeigen,

---

[147] L. c., S. 110 f.
[148] L. c., S. 113.

ein wie kleiner Prozentsatz von denen, die mit der Illusion beginnen, die Welt stehe ihnen offen, auch nur eine gewisse Unabhängigkeit und ökonomische Sicherheit erreichen. Massenarbeitslosigkeit und Kriegsgefahr haben – wenigstens in Europa – die faktische Ohnmacht des einzelnen in den letzten Jahren noch vermehrt. Er muß für jeden Tag dankbar sein, an dem er noch Arbeit hat und der ihn noch von dem Grauen eines neuen Krieges trennt. Bei der Gestaltung der ökonomischen und politischen Verhältnisse ist er völlig ohnmächtig."[149]

Diese Bestandsaufnahme ist niederschmetternd. Zusätzlich verstärkt wird das Ohnmachtsgefühl bei den meisten Menschen dadurch, daß ihnen die die wirtschaftliche Entwicklung bestimmenden Faktoren, die Entscheidungsmechanismen der politischen Instanzen wie auch ihre eigenen seelischen Vorgänge undurchsichtig sind. Statt sich die objektiven Ursachen ihrer Ohnmacht bewußtzumachen, reagieren sie mit Verhaltensweisen, wie sie an psychisch Kranken, die an einem Ohnmachts- oder Minderwertigkeitskomplex leiden, beobachtet werden können. Dazu gehören die „tröstenden Rationalisierungen" wie „der Glaube an das Wunder und der Glaube an die Zeit".[150] Doch der Wunderglaube bestätigt nur die fatalistische Weltsicht, der auch das Ohnmachtsgefühl wesentlich zugehört. Unabhängig von zielgerichteter Aktivität, durch das bloße Verstreichen von Zeit oder durch eine magische Geste wie z. B. eine Ortsveränderung oder einen guten Vorsatz soll sich alles zum Besseren wenden. Eine andere Art der Reaktionsbildung ist die blinde Geschäftigkeit, die das Ohnmachtsgefühl zu übertünchen sucht, aber für die Lösung der anstehenden Probleme völlig belanglos ist. Der volle Terminkalender täuscht über die Leere des Alltags hinweg. Weitere Reaktionsbildungen sind Wichtigtuerei und Größenwahn, der bei Intellektuellen häufig die Gestalt des Geniekults annimmt. Diese Leute sonnen sich in der überlegenen Kompetenz und den strahlenden Erfolgen, die ihnen als Wirtschaftsmanager, Politiker oder Wissenschaftler mit spielerischer Leichtigkeit zufielen, und in ihrer Phantasie stehen sie schon vor dem Nobelkomitee. Komplementär zu diesen

[149] L. c., S. 113 f.
[150] L. c., S. 102.

Omnipotenzphantasien, die durch die erbärmliche Wirklichkeit zugleich angestachelt und verhöhnt werden, staut sich Wut auf, die, weil sie sich nicht nach außen entladen kann, nach innen, gegen die eigene Person gerichtet wird und dann in Angst umschlägt. „Neben diesem indirekten Weg über die Verdrängung der Wut wird die Angst auch direkt aus dem Ohnmachtsgefühl gespeist. Das Gefühl, seine Ziele nicht durchsetzen zu können und vor allem gegen Angriffe von andern wehrlos zu sein, erzeugt notwendigerweise immer neue Angst." Der Ohnmächtige gerät in einen Zirkel. „Das Ohnmachtsgefühl schafft Angst, die Angst aber verstärkt ihrerseits wieder das Ohnmachtsgefühl."[151] Dieser oft schon in Kindheitserfahrungen gründende Zirkel von Ohnmacht, Wut, Angst oder das permanente Wechselbad von Ohnmachts- und Omnipotenzgefühlen wird für den bürgerlichen Menschen zum Kerker der Seele.

Einige der charakteristischen Reaktionsbildungen auf das Ohnmachtsgefühl diagnostizierte Fromm „in der psychischen Einstellung der breiten Massen und ihrer Führer, speziell der im letzten Krieg unterlegenen Länder".[152] Das betrifft vor allem das Wechselspiel von politischer Geschäftigkeit und Apathie, dem die Überzeugung zugrunde liegt, im Entscheidenden nichts bewegen zu können. „Krieg, Leiden, Armut werden als gegebene und unabänderliche Faktoren des menschlichen Zusammenlebens angesehen und jeder Versuch, an diesen Fundamenten zu rütteln, als Dummheit oder Lüge betrachtet. Das Verhalten in Bezug auf die grundlegenden politischen und gesellschaftlichen Faktoren ist unlösbar verknüpft mit dem Gefühl der schlechthinnigen Abhängigkeit."[153] Zu dem hilflosen Fatalismus und dem Hang, von Menschen geschaffene Verhältnisse als höhere Gewalten und unabänderliche Fundamente der Weltordnung ehrfürchtig zu vergötzen, gesellt sich der Glaube an das Wunder als charakteristische Gegenreaktion. Das soziale Kollektiv reagiert eher noch irrationaler als der im Minderwertigkeitskomplex befangene einzelne. Schon Freud hatte in einem 1921 erschienenen Auf-

[151] L. c., S. 107.
[152] L. c., S. 115.
[153] L. c., S. 117.

satz[154] darauf hingewiesen, daß die rationale Realitätskontrolle des individuellen Ich im Kollektiv geschwächt wird und irrationale Bindungen und Identifikationen an ihre Stelle treten. Das diffuse Unbehagen an der eigenen Situation und das Gefühl von Verlorenheit, das nach Krieg und Inflation viele expropriierte Kleinbürger und entmutigte Proletarier im nicht mehr vom Kaiser beschützten Deutschland beschlich, ging einher mit der Tendenz, „alles von 'begnadeten' Führern und von 'irgendeinem Wechsel' in den Verhältnissen" zu erwarten. „Diese Hoffnung auf einen Umschwung, wie immer er auch geartet sei, war der Nährboden für das Wachstum der zum Siege des autoritären Staates führenden Ideologien."[155]

Neben der stärker empirisch orientierten Erforschung der sozialpsychologischen Funktion der Ideologie und der sozialen Charaktertypen wurde die Auseinandersetzung mit der Ideologie auch inhaltlich geführt. In der ›Zeitschrift für Sozialforschung‹ erschienen kritische Studien zur Anthropologie, zu irrationalistischen Strömungen in der Philosophie und Literatur und zur Dynamik der bürgerlichen Freiheitsbewegung.[156] 1937 veröffentlichte Marcuse seine Arbeit ›Über den affirmativen Charakter der Kultur‹. Darunter verstand er insbesondere die idealistische Verfahrensweise, „die geistig-seelische Welt als ein selbständiges Wertreich von der Zivilisation abzulösen und über sie zu erhöhen. Ihr entscheidender Zug ist die Behauptung einer allgemein verpflichtenden, unbedingt zu bejahenden, ewig besseren, wertvolleren Welt, welche von der tatsächlichen Welt des alltäglichen Daseinskampfes wesentlich verschieden ist, die aber jedes Individuum 'von innen her', ohne jene Tatsächlichkeit zu verändern, für

[154] S. Freud, Massenpsychologie und Ich-Analyse, Frankfurt a. M. 1979.

[155] E. Fromm, Zum Gefühl der Ohnmacht, l. c., S. 116.

[156] Cf. M. Horkheimer, Bemerkungen zur philosophischen Anthropologie, ZfS (Jg. 4) 1935, S. 1 ff. Ders., Zum Rationalismusstreit in der gegenwärtigen Philosophie, ZfS (Jg. 3) 1934, S. 1 ff. Ders., Egoismus und Freiheitsbewegung – Zur Anthropologie des bürgerlichen Zeitalters, ZfS (Jg. 5) 1936, S. 161 ff. L. Löwenthal, Knut Hamsun. Zur Vorgeschichte der autoritären Ideologie, ZfS (Jg. 6) 1937, S. 295 ff.

sich realisieren kann. (...) Ihre Rezeption wird zu einem Akt der
Feierstunde und der Erhebung."[157] Der affirmativen Kultur
wächst die Aufgabe zu, den Widerspruch der abstrakten Gleich-
heit der Individuen vor Gott oder dem Gesetz des bürgerlichen
Staates und ihrer konkreten Ungleichheit in der Klassengesellschaft im Schein einer höheren Harmonie verschwinden zu
lassen. „Auf die Not des isolierten Individuums antwortet sie mit
der allgemeinen Menschlichkeit, auf das leibliche Elend mit der
Schönheit der Seele, auf die äußere Knechtschaft mit der inneren
Freiheit, auf den brutalen Egoismus mit dem Tugendreich der
Pflicht. Hatten zur Zeit des kämpferischen Aufstiegs der neuen
Gesellschaft alle diese Ideen einen fortschrittlichen, über die erreichte Organisation des Daseins hinausweisenden Charakter, so
treten sie in steigendem Maße mit der sich stabilisierenden Herrschaft des Bürgertums in den Dienst der Niederhaltung unzufrie-
dener Massen und der bloßen rechtfertigenden Selbsterhebung:
sie verdecken die leibliche und psychische Verkümmerung des Individuums." Marcuse spricht aber auch den utopischen Gehalt
des bürgerlichen Idealismus an. „Er enthält nicht nur die Rechtfertigung der bestehenden Daseinsform, sondern auch den
Schmerz über ihren Bestand; nicht nur die Beruhigung bei dem,
was ist, sondern auch die Erinnerung an das, was sein könnte.
Indem die große bürgerliche Kunst das Leid und die Trauer als
ewige Weltkräfte gestaltet hat, hat sie die leichtfertige Resigna-
tion des Alltags immer wieder im Herzen der Menschen zerbro-
chen; indem sie die Schönheit der Menschen und Dinge und ein
überirdisches Glück in den leuchtenden Farben dieser Welt ge-
malt hat, hat sie neben dem schlechten Trost und der falschen
Weihe auch die wirkliche Sehnsucht in den Grund des bürgerlichen Lebens eingesenkt. Wenn sie den Schmerz und die Trauer,
die Not und die Einsamkeit zu metaphysischen Mächten steigert,
wenn sie die Individuen über die gesellschaftlichen Vermitt-
lungen hinweg in nackter seelischer Unmittelbarkeit gegeneinander und gegen die Götter stellt, so steckt in dieser Übersteige-
rung die höhere Wahrheit: daß eine solche Welt nicht durch dieses

---

[157] H. Marcuse, Über den affirmativen Charakter der Kultur, ZfS
(Jg. 6) 1937, S. 60.

oder jenes geändert werden kann, sondern nur durch ihren Untergang."[158]

Daher der starke ästhetische Akzent in der kritischen Theorie, die die idealistisch geprägte Kultur im Lichte konkreter Geschichte und nicht nach ewigen Normen beurteilt. Auch in ihren sublimsten Gestalten hat die Kultur das Moment des Kults, dem sie entstammt, nie ganz abschütteln können. Ihrem affirmativen Bezug auf das gesellschaftliche Fundament verdankt sie schließlich ihre Existenz. In der bürgerlichen Epoche hat sich jedoch die Kunst immer mehr von unmittelbar kultischen Zwecken entfernt. Dadurch konnte das subversive Element in der Kunst und Philosophie mehr hervortreten, das in progressiven Phasen der Geschichte stärker ist als der schlechte Trost, der hohle Sinn und die falsche Weihe, womit Kunst in schlechten Zeiten den dumpfen Alltag der Individuen verzieren und ihren Durchhaltewillen kräftigen muß. In der Blüte der bürgerlichen Kultur ist der Zwiespalt von Affirmation und Subversion ins Bewußtsein getreten und in den großen Gesellschaftsromanen auch literarisch verarbeitet worden. Balzac, Flaubert und Maupassant berichten, wie ästhetische Ansprüche im Konflikt mit harten Geschäftsinteressen vor die Hunde gehen. Hier wird die Distanz der Kunst zu ihrem gesellschaftlichen Fundament sinnfällig. Gerade durch ihre provozierende Zweckferne und ihre Repräsentanz des Utopischen bietet authentische Kunst der integrativen Macht einer vom Geschäftseifer dominierten Wirklichkeit auch einigen Widerstand. „Die ideale Schönheit war die Gestalt, in der die Sehnsucht sich aussprechen und das Glück genossen werden konnte; so wurde die Kunst zu einem Vorboten möglicher Wahrheit. (...) Der Idealismus hat immerhin daran festgehalten, daß der Materialismus der bürgerlichen Praxis nicht das letzte Wort ist und daß die Menschheit darüber hinauszuführen sei."[159] Schiller hat der Kunst sogar zugetraut, den Anstoß zu einer Erneuerung des gesellschaftlichen Fundaments zu geben. Von ihm stammt der kühne Entwurf einer ästhetischen Erziehung des Menschen, die ihn nicht nur dazu befähigt, sondern drängt, „den Staat der Not mit dem Staat der Freiheit

---

[158] L. c., S. 62 f.
[159] L. c., S. 79, 63.

zu vertauschen"[160]. Der Kunst fällt hier die Aufgabe einer Katharsis zu, welche den sittlichen Zusammenhalt der Gesellschaft nicht bloß erneuert, sondern ihn auf eine qualitativ höhere Stufe hebt und dadurch überhaupt erst verwirklicht.

Das negative, die bestehende Wirklichkeit überschreitende Moment der idealistischen Kunst und Philosophie ist in der kritischen Theorie aufbewahrt – freilich ohne den idealistischen Absolutheitswahn, Vernunft und Wirklichkeit je vollständig zur Deckung bringen zu können. Sie ist materialistisch in dem Sinne, daß sie sich der „unüberwindlichen Spannung von Begriff und objektiver Realität"[161] bewußt ist und den Akzent weniger auf eine geschichtliche Totalität der Vernunft als auf den Glücksanspruch der Individuen legt. Sie versteht sich als „unablösbares Moment der historischen Anstrengung, eine Welt zu schaffen, die den Bedürfnissen und Kräften der Menschen genügt". Eine solche Welt wäre weniger Totalität als die kapitalistische. Nicht aufgrund eines letztlich blinden Vertrauens auf den Stufengang der göttlichen Weltvernunft, sondern weil „die freie Entwicklung der Individuen von der vernünftigen Verfassung der Gesellschaft abhängt",[162] ist die kritische Theorie der Vernunft verpflichtet. „Die Selbstanschauung der Vernunft, die für die alte Philosophie die höchste Stufe des Glücks bildete, ist im neueren Denken in den materialistischen Begriff der freien, sich selbst bestimmenden Gesellschaft umgeschlagen; vom Idealismus bleibt dabei übrig, daß die Möglichkeiten des Menschen noch andere sind, als im heute Bestehenden aufzugehen, andere als die Akkumulation von Macht und Profit."[163]

Auch die dialektische Negativität, für Hegel noch Motor der logisch-ontologischen Bewegung des absoluten Geistes, bekommt

[160] F. Schiller, Über die ästhetische Erziehung des Menschen in einer Reihe von Briefen; in: ders., Über das Schöne und die Kunst, München 1984, S. 148.

[161] M. Horkheimer, Zum Problem der Wahrheit, ZfS (Jg. 4) 1935, S. 336.

[162] M. Horkheimer, Philosophie und kritische Theorie, ZfS (Jg. 6) 1937, S. 626.

[163] L. c., S. 628.

in der kritischen Theorie eine materialistische Bedeutung. Negativ
ist der bestehende gesellschaftliche Zustand, weil er die produktiven Kräfte in eine falsche Richtung lenkt, vermeidbares Elend
hervorruft und vorhandene Möglichkeiten zur Verbesserung der
Lage vieler Menschen blockiert. Sosehr diese Negativität des
Status quo ihn schon von sich aus auf Veränderung verweist,[164] so
wenig läßt sich das Andere unmittelbar positiv bestimmen oder
ausmalen. Denn nichts Positives existiert in der kapitalistischen
Welt, das von deren Negativität nicht schon angenagt wäre. Im negativen Ganzen existiert auch das Bessere nur als Negativ, als Idee
– und das ist zugleich die Wahrheit des Idealismus. Nur durch un-
versöhnlich negatives Denken kann das Individuum einer naturwüchsigen, nach fremden, oft feindlichen und undurchsichtigen
Zwecken organisierten Gesellschaft gegenüber standhalten,
ihrem integrativen Sog und Konformitätsdruck widerstehen und
dadurch den Gedanken an eine vernünftige und gerechte Gesellschaft, in letzter Instanz den eigenen Glücksanspruch behaupten.
Dieser Begriff dialektischer Negativität steht im Hintergrund,
wenn Horkheimer die im Arbeitszusammenhang des Instituts für
Sozialforschung entwickelte kritische Theorie explizit und in bestimmter Negation von der im Universitätsbetrieb approbierten
traditionellen Theorie absetzt.

Der Verzicht auf einen positiven utopischen Entwurf bedeutet
aber nicht zugleich einen Verzicht auf praktische Eingriffe in die
gesellschaftlichen Kämpfe. Die kritische Theorie hat schon insofern eine praktische Dimension, als sie mündiger Individuen bedarf, die ihr Leben und Denken in bewußtem Widerspruch zur sie
umgebenden Realität organisieren. Diese praktische Seite nennt
Horkheimer das „kritische Verhalten". „Es richtet sich nicht bloß
auf die Abstellung irgendwelcher Mißstände, diese erscheinen ihm
vielmehr notwendig mit der ganzen Einrichtung des Gesellschafts-
baus verknüpft. Wenn es auch aus der gesellschaftlichen Struktur
hervorgeht, so ist es doch weder seiner bewußten Absicht noch
seiner objektiven Bedeutung nach darauf bezogen, daß irgend
etwas in dieser Struktur besser funktioniere. Die Kategorien des

---

[164] „Weh spricht: Vergeh!" singt Nietzsches Zarathustra in seinem Mit-
ternachtslied.   ⌣

Besseren, des Nützlichen, Zweckmäßigen, Produktiven, Wertvollen, wie sie in dieser Ordnung gelten, sind ihm vielmehr selbst verdächtig und keineswegs außerwissenschaftliche Voraussetzungen, mit denen es nichts zu schaffen hat."[165] Die Gesellschaft wird nicht bloß so verstanden, wie sie auf der Grundlage bestehender Arbeitsteilung und Klassenunterschiede funktioniert, sondern ebensosehr in ihrer historischen Dimension und damit unter der Perspektive ihrer Negativität und Veränderbarkeit begriffen. Der individuelle Aufstieg zum nützlichen Mitglied im irrationalen Ganzen ist dann nicht mehr das vorherrschende Orientierungsmuster. „Der zwiespältige Charakter des gesellschaftlichen Ganzen in seiner aktuellen Gestalt entwickelt sich bei den Subjekten des kritischen Verhaltens zum bewußten Widerspruch." Damit meint Horkheimer, daß der objektive Sachverhalt des gesellschaftlichen Antagonismus nur in der logischen Form des Widerspruchs bewußt werden kann. Im Unterschied zu Widersprüchen, die durch logische Fehler im Denkprozeß entstehen, ist der Widerspruch hier ein Erkenntnisfortschritt. „Indem sie die gegenwärtige Wirtschaftsweise und die gesamte auf ihr begründete Kultur als Produkt menschlicher Arbeit erkennen, als die Organisation, die sich die Menschheit in dieser Epoche gegeben hat und zu der sie fähig war, identifizieren sie sich selbst mit diesem Ganzen und begreifen es als Willen und Vernunft; es ist ihre eigene Welt. Zugleich erfahren sie, daß die Gesellschaft außermenschlichen Naturprozessen, bloßen Mechanismen, zu vergleichen ist, weil die auf Kampf und Unterdrückung beruhenden Kulturformen keine Zeugnisse eines einheitlichen selbstbewußten Willens sind; diese Welt ist nicht die ihre, sondern die des Kapitals."[166]

Der „bewußte Widerspruch" setzt die kritische Theorie in bestimmter Negation von der traditionellen ab. Das heißt freilich nicht, daß hier einfach ein Theorietypus durch einen anderen ersetzt würde, in dem das Prinzip der Widerspruchsfreiheit außer Kraft gesetzt wäre. Unter traditioneller Theorie versteht Horkheimer die arbeitsteilige Fachwissenschaft in der von Descartes be-

---

[165] M. Horkheimer, Traditionelle und kritische Theorie, ZfS (Jg. 6) 1937, S. 261.
[166] L. c., S. 262.

gründeten Tradition methodisch-systematischer Forschung, welche
Wissen und Erfahrung aufgrund von „Fragestellungen" organi-
siert, „die sich im Zusammenhang mit der Reproduktion des Lebens innerhalb der gegenwärtigen Gesellschaft ergeben"[167]. Er
denkt nicht daran, den Nutzen der traditionellen Fachwissenschaft
für bestimmte technische und organisatorische Aufgaben und
Zwecke in Zweifel zu ziehen und an ihrer Stelle wieder eine philosophische Universalwissenschaft mit scholastischem Anspruch zu
etablieren. Auf methodische Regeln, Schluß- und Klassifikations-
verfahren, wie sie in der Fachwissenschaft üblich sind, kann auch
die kritische Theorie nicht verzichten. Vielmehr vollzieht die kritische Theorie eine Wendung der traditionellen Theorie gegen sich
selbst, die sich am Verhältnis zu ihrem Gegenstand manifestiert.
„Bewußter Widerspruch" – d. h., daß dem erkennenden Subjekt
bewußt wird, wie sehr eine Gesellschaft, die am einen Pol den
Reichtum weniger und am anderen die Not und Unterdrückung
der großen Masse ihrer Mitglieder produziert, sich selbst, ihrem eigenen Begriff nämlich, widerspricht. Diese Einsicht führt zum
Einspruch gegen die als widersprechend erkannte Wirklichkeit.
Die kritische Theorie verfährt nicht kontemplativ wie die positivi-
stische Soziologie, welche die Faktizität als unangreifbare Voraussetzung der Wissenschaft akzeptiert und auf Deutung verzichtet.
Die kritische Theorie bezieht Stellung. „Die Verhältnisse der Wirklichkeit, von denen die Wissenschaft ausgeht, erscheinen ihr nicht
als Gegebenheiten, die bloß festzustellen und nach den Gesetzen
der Wahrscheinlichkeit vorauszuberechnen wären. Was jeweils gegeben ist, hängt nicht allein von der Natur ab, sondern auch
davon, was der Mensch über sie vermag. Die Gegenstände und die
Art der Wahrnehmung, die Fragestellung und der Sinn der Beant-
wortung zeugen von menschlicher Aktivität und dem Grad ihrer
Macht."[168] Im Unterschied zur traditionellen Fachwissenschaft
gilt die bestimmte gesellschaftliche Praxis und die Organisation
der Naturbeherrschung, auf welche die wissenschaftliche Tätigkeit
sich bezieht und in die sie verflochten ist, der kritischen Theorie
nicht als äußerlich. „Zur Entwicklung der Gesellschaft gehört

---

[167] M. Horkheimer, Philosophie und kritische Theorie, l. c., S. 625.
[168] L. c.

(...) das bewußte kritische Verhalten mit hinzu. Die Konstruktion des Geschichtsverlaufs als notwendigen Produkts eines ökonomischen Mechanismus enthält zugleich den selbst aus ihm hervorgehenden Protest gegen diese Ordnung und die Idee der Selbstbestimmung des menschlichen Geschlechts, das heißt eines Zustands, in dem seine Taten nicht mehr aus einem Mechanismus, sondern aus seinen Entscheidungen fließen. (...) Den Gegenstand der Theorie von ihr getrennt zu denken, verfälscht das Bild und führt zum Quietismus oder Konformismus. Jeder ihrer Teile setzt die Existenz von Kritik und Kampf gegen das Bestehende in der von ihr selbst bestimmten Richtung voraus.«[169]

Die Selbstreflexion der Theorie erstreckt sich auch auf das Verhältnis ihrer Einsichten zur historischen Zeit. Im Unterschied zur Tradition der abendländischen Philosophie, aus der sie hervorgegangen ist, versteht sich die kritische Theorie nicht als System ewiger Wahrheiten, bei denen man sich beruhigen könne, wenn sie einmal erkannt sind, sondern als die „vom Interesse an der Zukunft geleitete Analyse des geschichtlichen Verlaufs"[170]. Sie vereinigt das in Hegels Philosophie entfaltete dynamische Verständnis der Wirklichkeit mit den zentralen Motiven des Materialismus: der Herstellung des Glücks der Individuen in einer gerechten und solidarischen Gesellschaft, die auf der Basis der vom Kapital entwickelten Produktivkräfte objektiv möglich geworden ist. „Die dialektische Theorie übt keine Kritik aus der bloßen Idee. Schon in ihrer idealistischen Gestalt hat sie die Vorstellung von einem an sich Guten, das der Wirklichkeit bloß entgegengehalten wird, abgetan. Sie urteilt nicht nach dem, was über der Zeit, sondern nach dem, was an der Zeit ist."[171] Kritisch ist sie, insofern sie sich ihre Zwecke nicht durch die bestehende Wirklichkeit vorgeben läßt, sondern diese mit der in ihr selbst gelegenen Möglichkeit des Besseren konfrontiert. Horkheimer erinnert daran, daß die materialistische Theorie immer einen objektiven Bezug zur Zeit gehabt hat, wenn sie sich auch erst auf einer späten Stufe ihrer historischen Dimension bewußt geworden ist. „Wenn aus dem An-

---

[169] M. Horkheimer, Traditionelle und kritische Theorie, l. c., S. 280 f.
[170] L. c., S. 277.
[171] M. Horkheimer, Philosophie und kritische Theorie, l. c., S. 630.

spruch auf Glück, den das wirkliche Leben bis zum Tode nicht gehalten hat, zuletzt bloß die Hoffnung, aber nicht die Erfüllung hervorgeht, so konnte die Veränderung der das Unglück bedingenden
Verhältnisse zum Ziel des materialistischen Denkens werden. Je
nach der geschichtlichen Lage gewann dieses Ziel eine andere Gestalt. Angesichts der Entwicklung der Produktivkräfte im Al-
tertum waren auch die materialistischen Philosophen dem Leiden
gegenüber auf die Ausbildung innerer Praktiken angewiesen; See-
lenruhe ist die Auskunft in einer Not, vor der die äußeren Mittel
versagen. Der Materialismus des frühen Bürgertums zielte dagegen auf die Vermehrung der Naturerkenntnis und die Gewin-
nung neuer Kräfte zur Beherrschung von Natur und Menschen.
Das Elend der Gegenwart aber ist an die gesellschaftliche Struktur
geknüpft. Darum bildet die Theorie der Gesellschaft den Inhalt
des heutigen Materialismus."[172]

Die Theorie der Gesellschaft empfängt ihre Impulse aus der
gesellschaftlichen Praxis und deren theoretischen Reflexions-
formen. Sie arbeitet sich an den verschiedenen materialistischen
und idealistischen Interpretationen der Wirklichkeit in bestimmter
Negation ab. So nimmt sie vom Materialismus das Desiderat des
größtmöglichen Glücks für die größtmögliche Zahl von Individuen auf, und deshalb gilt ihr Interesse der funktionalen und solidarischen Organisation des Stoffwechsels der Menschen mit der
Natur. Sie verneint aber das Urvertrauen auf den geradlinigen
Fortschritt der Naturbeherrschung, die Verengung des Glücksmo-
tivs auf den privaten Nutzen und die kalte Ignoranz gegen die mit
dem eigenen Vorteil zusammenhängende Not anderer Menschen,
die für den Materialismus im bürgerlichen Denken der Gegenwart
typisch sind. Die Wahrheitsemphase der kritischen Theorie entstammt der idealistischen Tradition – sie richtet sich bei Horkheimer aber auch gegen den idealistischen Anspruch eines Systems der Philosophie, in dem alle Rätsel der Natur gelöst und alle
Probleme der Geschichte erledigt sind. Zur Wahrheit gehört auch
das Eingeständnis der Grenzen menschlichen Erkennens in bezug
auf Naturvorgänge und der Verzicht auf abschließende Urteile

---

[172] M. Horkheimer, Materialismus und Metaphysik, ZfS (Jg. 2) 1933,
S. 13f.

über historische Prozesse, die noch gar nicht entschieden sind.
Wenn Horkheimer der Wahrheit einen Zeitkern zuspricht, anstatt
sie der geschichtlichen Bewegung dogmatisch entgegenzusetzen,
so ist dies kein Plädoyer für den Relativismus oder gar ein Zuge-
ständnis an die wechselnden Moden des Zeitgeists. Er hält an der
objektiven Geltung der Wahrheit fest,[173] relativiert sie jedoch in
bezug auf den Fortgang der Geschichte, den er nicht als durch ein
blindes Fatum oder die Erlösungstat eines Gottes determiniert,
sondern trotz der gegenwärtigen Düsternis als prinzipiell offen
ansieht.

Mit dem Verzicht auf die Ewigkeitsprätention setzt sich die kritische Theorie vom Idealismus ab. „Hegels Ansicht, daß sein
Denken die Wesenszüge alles Seins erfasse, deren Einheit unbe-
rührt von Werden und Vergehen der Individuen als die vollkom-
mene Hierarchie und Totalität bestehen bleibe, wie sie im System
erscheine, bedeutet daher die gedankliche Verewigung der zugrunde liegenden irdischen Verhältnisse. Die Dialektik erhält eine
verklärende Funktion."[174] Horkheimer hebt nicht nur die konfor-
mistischen Konsequenzen der Hypostasierung der philosophischen Kategorien zum System der Wissenschaft hervor: die Über-
höhung historischer Kulturen zum „Volksgeist", die metaphysische
Weihe, die Konkurrenz, Krieg und gesellschaftliche Hierarchie in
Hegels Staats- und Geschichtsphilosophie erfahren. Er zeigt auch,
wie diese idealistische Dogmatik von selbst in einen haltlosen Relativismus umschlägt. „Die dogmatische Vorstellung, daß alle bestimmten Anschauungen, die je im realen geschichtlichen Kampf
gegeneinander aufgetreten sind, alle Bekenntnisse bestimmter
Gruppen, alle Versuche der Verbesserung nunmehr überwunden

---

[173] Cf. Horkheimers Aufsatz ›Zum Problem der Wahrheit‹: „Die Wahrheit gilt auch für den, der ihr widerspricht, sie ignoriert oder für belanglos
erklärt. Nicht was der Einzelne glaubt und von sich denkt, nicht das Subjekt an sich selbst, sondern das Verhältnis der Vorstellungen zur Realität
entscheidet über die Wahrheit, und wenn einer sich einbildet, der Abge-
sandte Gottes oder der Retter eines Volkes zu sein, so entscheidet nicht er
darüber, ja nicht einmal die Mehrzahl der Mitmenschen, sondern das Verhältnis seiner Behauptungen und Akte zum objektiven Tatbestand der
Rettung." (ZfS [Jg. 4] 1935, S. 339.)
[174] L. c., S. 332.

und aufgehoben seien, die Ansicht des umfassenden Denkens, daß jedem Standpunkt sein partielles Recht und seine letzte Beschränktheit zuzumessen sei, ohne für einen Einzigen gegen die anderen bewußt Partei zu nehmen und sich zu entscheiden, ist die Seele des bürgerlichen Relativismus selbst. Das Bestreben, jeder Idee und jeder geschichtlichen Person Gerechtigkeit widerfahren zu lassen und den Helden der vergangenen Revolutionen neben den Generälen der siegreichen Gegenrevolution ihren Platz im Pantheon der Geschichte anzuweisen, diese durch die Zweifrontenstellung des Bürgertums gegen absolutistische Restauration und Proletariat bedingte, scheinbar freischwebende Objektivität, hat sich im Hegelschen System ebenso Geltung verschafft wie das idealistische Pathos des absoluten Wissens."[175] Deshalb versteht die kritische Theorie die Dialektik nicht mehr als idealistische Totalbewegung, in der sich das Denken mit der Wirklichkeit zum ewigen System der Wissenschaft zusammenschließt, sondern als logische Struktur unabgeschlossener historischer Prozesse. „Indem die Dialektik aus der Verbindung mit dem überspannten Begriff des isolierten, seine Bestimmung aus sich selbst setzenden, in sich vollendeten Denkens gelöst wird, verliert die von ihr bestimmte Theorie notwendig den metaphysischen Charakter der Endgültigkeit, die Weihe einer Offenbarung und wird zu einem in das Schicksal der Menschen verflochtenen, selbst vergänglichen Element." Der Wahrheitsanspruch theoretischer Einsichten wird damit keineswegs preisgegeben. „Soweit die in Wahrnehmung und Schlüssen, methodischer Forschung und historischen Ereignissen, alltäglicher Arbeit und politischem Kampf gewonnenen Erfahrungen den verfügbaren Erkenntnismitteln standhalten, sind sie die Wahrheit."[176] Die Urteile der Theorie beziehen sich auf die Struktur der Entwicklung der gegenwärtigen Gesellschaft, soweit sie durch immanente Gesetze und empirische Zeugnisse erfaßbar ist. Darüber, was am Abend aller Tage sein wird, gibt der Materialist keine Auskunft. Auch die Wahrheit, die ihren Ausdruck in der kritischen Theorie gefunden hat, wird sich einmal erledigen, weil die Gesellschaft, der sie gilt, einer vernünftigeren Platz machen

[175] L. c., S. 332 f.
[176] L. c., S. 336 f.

oder an sich selbst zugrunde gehen muß. „Die Theorie, die wir als richtig ansehen, mag einmal verschwinden, weil die praktischen und wissenschaftlichen Interessen, die bei der Begriffsbildung eine Rolle spielten, und vor allem weil die Dinge und Zustände, auf die sie sich bezogen, verschwunden sind. Dann ist diese Wahrheit in der Tat unwiederbringlich dahin, denn es gibt kein übermenschliches Wesen, das, nachdem sich die wirklichen Menschen verändert haben oder gar nachdem die Menschheit ausgestorben ist, die heutige Beziehung zwischen Gedankeninhalten und Gegenständen in seinem allumfassenden Geiste festhielte. Nur an einer überirdischen, unveränderlichen Existenz gemessen erscheint die menschliche Wahrheit von einer schlechteren Qualität. Soweit sie jedoch notwendig unabgeschlossen und insofern 'relativ' bleibt, ist sie zugleich absolut, denn die spätere Korrektur bedeutet nicht, daß früher Wahres früher unwahr gewesen sei."[177]

Wenn Horkheimer der Wahrheit neben ihrer objektiven Geltung auch ein subjektives Moment beimißt, so meint er nicht den privaten Glauben und Aberglauben der Individuen, sondern die Tatsache, daß sie die der Wahrheit korrespondierende Wirklichkeit als erkennende und handelnde Subjekte mitkonstituieren. „Von der Entschiedenheit, mit der die Menschen aus ihren Erkenntnissen Konsequenzen ziehen, von der Aufgeschlossenheit, mit der sie ihre Theorien der Wirklichkeit anpassen und verfeinern, kurz von der kompromißlosen Anwendung der als wahr erkannten Einsicht hängt zum großen Teil Richtung und Ausgang der geschichtlichen Kämpfe ab. (...) Der Prozeß der Erkenntnis schließt ebensosehr das reale geschichtliche Wollen und Handeln wie das Erfahren und Begreifen ein."[178] Auch die subjektive Seite der Wahrheit hat für Horkheimer sogleich einen objektiv-historischen Sinn – im Unterschied zum bürgerlichen Pragmatismus etwa, der den Erfolg als einziges Kriterium der Wahrheit fixiert und die gesellschaftlichen Verhältnisse, unter denen er sich einstellt oder ausbleibt, ganz außer acht läßt. Kann sich der theoretische Gedanke allein an seinem Nutzeffekt bewähren, also durch die Förderung von Produktions- und Organisationsabläufen, die für die mate-

[177] L.c., S. 337 f.
[178] L.c., S. 338.

rielle und kulturelle Bereicherung des menschlichen Lebens notwendig sind? Dieser pragmatische Wahrheitsbegriff, der von den Bedingungen der Bewährung abstrahiert, „entspricht dem grenzenlosen Vertrauen in die bestehende Welt. Wenn der Güte jedes Gedankens Zeit und Gelegenheit gegeben ist, an den Tag zu kommen, wenn der Erfolg des Wahren – und sei es auch nach Kampf und Widerstand – am Ende immer sicher ist, wenn die Idee einer gefährlichen, sprengenden Wahrheit überhaupt nicht in den Gesichtskreis treten kann, dann ist die gegenwärtige gesellschaftliche Form geheiligt und – soweit sie Schäden aufweist – unabsehbar entwicklungsfähig. Im Pragmatismus steckt der Glaube an Bestand und Vorzüge der freien Konkurrenz."[179] Horkheimer zeigt, wie der radikale Materialismus, der metaphysischen Versicherungen mißtraut und sich allein an die nüchterne Erfolgskontrolle hält, selber in blinden Glauben und dogmatische Metaphysik umschlägt.

Um aber das materialistische Motiv im Pragmatismus zu retten, unterzieht Horkheimer den Begriff der Bewährung einer historischen Reflexion. „Welches Leben fördern die Gedanken, denen das Prädikat der Wahrheit zugesprochen werden soll? Worin besteht die Förderung in der gegenwärtigen Periode? (...) Was heißt Bestätigung? (...) Kann der krudeste Aberglaube, die armseligste Verkehrung der Wahrheit über Welt, Gesellschaft, Recht, Religion und Geschichte denn nicht ganze Völker ergreifen und sich im Leben seiner Urheber und ihres Anhangs aufs trefflichste bewähren? Bedeutet umgekehrt die Niederlage der freiheitlichen Kräfte die Widerlegung ihrer Theorie?"[180] Gerade der kritischen Theorie kann es nicht darum gehen, sich nach der Formulierung ewiger Wahrheiten zur Ruhe zu setzen – im Gegenteil, sie will sich in der gesellschaftlichen Praxis bewähren. „In der Praxis muß der Mensch die Wahrheit, i. e. Wirklichkeit und Macht, Diesseitigkeit seines Denkens beweisen", heißt es schon bei Marx.[181] Nur hat der Begriff der Bewährung hier einen doppelten Sinn. Gesellschaftliche Tendenzen, die Marx aus der Kritik der kapitalistischen Öko-

---

[179] L. c., S. 341 f.
[180] L. c., S. 343.
[181] K. Marx, Thesen über Feuerbach, MEW Bd. 3, S. 5.

nomie ablesen konnte, wie die Zusammenballung der Kapitalien zu Trusts und Konzernen, die Verschärfung der Konkurrenz, die Verkürzung der Prosperitätsphasen, die Zuspitzung der Krisen und das Anwachsen des Arbeitslosenheeres haben sich im weiteren Verlauf der Geschichte bestätigt. Diese Bestätigung ist aber nicht das einzige Telos der Theorie. Denn die kritische Theorie ist nicht allein als Theorie des historischen Verlaufs, „sondern als Moment einer befreienden Praxis gedacht und mit der ganzen Ungeduld der bedrohten Menschheit verknüpft". Mehr noch: Solange die Klassengesellschaft Bestand hat, stehen Einsicht und Handeln in einem Spannungsverhältnis, das erst durch die befreiende Praxis aufgebrochen werden kann. Die aber ist abhängig vom Bewußtsein und Willen der Unterdrückten – Momenten, die sich nicht theoretisch vorherbestimmen lassen. „So sehr jedoch Theorie und Praxis in der Geschichte verknüpft sind, so wenig waltet zwischen ihnen eine prästabilierte Harmonie. Was sich theoretisch als richtig einsehen läßt, ist darum nicht zugleich schon verwirklicht."[182] Gerade die Enttäuschung der revolutionären Perspektive in der großen Wirtschaftskrise hat Horkheimers Reflexion zum Begriff der Bewährung motiviert. Daß die bürgerliche Ökonomie aufgrund ihrer eigenen Gesetze, ohne den Willen der vergesellschafteten Individuen, gleichsam von selbst in den Sozialismus übergehen werde, hatte auch Marx nicht behauptet. Aber er hatte doch die Erwartung ausgesprochen, daß die krisenhafte Entwicklung der kapitalistischen Produktion und die dadurch bedingte Verwandlung der entfesselten Produktivkräfte in gewaltige Destruktivkräfte, die Polarisierung von privatem Reichtum und sozialer Not die Menschen schließlich dazu drängen werde, das Nächstliegende und praktisch Vernünftige zu tun: nämlich den gesamten Wirtschaftsprozeß ihrer gemeinsamen Kontrolle zu unterwerfen, um ihn rationell und solidarisch zu regeln, statt von ihm als einer blinden Macht beherrscht zu werden. Wenn dieser Gedanke praktisch scheitert, weil widrige Umstände, aber auch Mangel an Einsicht, Entschlußkraft und politischem Geschick auf seiten der Unterdrückten und ihrer Organisationen oder schlicht ihre militärische Unterlegenheit die Revolution immer wieder

---

[182] M. Horkheimer, Zum Problem der Wahrheit, l. c., S. 343 f.

blockierten oder in falsche Bahnen lenkten, dann heißt das noch lange nicht, daß er auch theoretisch falsch ist. Wie jedoch die unsachgemäße Anwendung einer medizinischen Therapie die Heilung verzögern oder gar zur Verschlimmerung der Krankheit führen kann, aber durchaus kein Argument gegen die Therapie selbst und erst recht nicht gegen das Ziel der Heilung liefert, so kann eine sich hartnäckig behauptende falsche gesellschaftliche Praxis nicht die Einsicht in die Möglichkeit und Notwendigkeit einer besseren widerlegen. „So einfach ist der Begriff der Bewährung als Kriterium der Wahrheit nicht aufzufassen. Die Wahrheit ist ein Moment der richtigen Praxis; wer sie jedoch unmittelbar mit dem Erfolg identifiziert, überspringt die Geschichte und macht sich zum Apologeten der je herrschenden Wirklichkeit; die unaufhebbare Differenz von Begriff und Realität verkennend, kehrt er zu Idealismus, Spiritismus und Mystizismus zurück." Für die kritische Theorie „bildet die Bewährung, der Nachweis, daß Gedanken und objektive Realität übereinstimmen, selbst einen historischen Vorgang, der gehemmt und unterbrochen werden kann. (...) Die Möglichkeit einer vernünftigeren Form des menschlichen Zusammenlebens ist auch im großen heute schon genugsam bewährt, um offenbar zu sein. Zur vollen Demonstrierung gehört der universale Erfolg; dieser hängt von der historischen Entwicklung ab. Daß inzwischen das Elend andauert und der Schrecken sich ausbreitet, die furchtbare Gewalt, die jene allgemeine Bewährung unterdrückt, hat keine Beweiskraft für das Gegenteil."[183]

Vor dem Hintergrund des zugleich dynamischen und objektiven Wahrheitsbegriffs der kritischen Theorie erscheint das Kriterium der Bewährung in neuem Licht. Es genügt eben nicht, wenn ihre Aussagen durch den realen geschichtlichen Verlauf bestätigt werden. Sie will auch den Anspruch auf eine bessere gesellschaftliche Praxis und eine gerechtere Verteilung des Reichtums behaupten, der gegen die festgefügte Wirklichkeit immer utopisch erscheint. Daß das Denken auf die Wirklichkeit bezogen bleiben muß, auch wenn und gerade weil sie noch nicht das Wahre ist, gehört jedoch zur Wahrheit mit dazu. Die kritische Theorie verschmäht es, nach Art philosophischer Fundamentalisten in tran-

---

[183] L. c., S. 345 f.

szendenten Seinsgründen nach tiefen Wahrheiten zu schürfen, die
für die gesellschaftliche Praxis belanglos sind. „Auch die Wahrheit
ist in ihrer Existenz an Konstellationen der Realität geknüpft."[184]
Sie hängt eben nicht nur vom Stand theoretischer Erkenntnis, sondern auch vom politischen Bewußtsein, von der Widerstandskraft
und vom Organisationsgrad der Unterdrückten ab. Spätestens seit
der reibungslosen Machtübernahme der Faschisten in Deutschland und der brutalen Erstickung der russischen Revolution im
stalinistischen Terror machten sich Horkheimer und seine Freunde
nichts mehr vor – zwischen der in der kritischen Theorie repräsen-
tierten fortgeschrittensten Erkenntnis und dem tatsächlichen Bewußtsein des Proletariats hatte sich eine schwarze Wand aufge-
türmt.

„Die Konstruktion der Gesellschaft unter dem Bilde einer radikalen Umwandlung, das die Probe seiner realen Möglichkeit noch
gar nicht bestanden hat, ermangelt (...) der Empfehlung, vielen
Subjekten gemeinsam zu sein. Das Streben nach einem Zustand
ohne Ausbeutung und Unterdrückung, in dem tatsächlich ein um-
greifendes Subjekt, das heißt die selbstbewußte Menschheit existiert und in dem von einheitlicher Theorienbildung, von einem
die Individuen übergreifenden Denken gesprochen werden kann,
ist noch nicht seine Verwirklichung. Die möglichst strenge Tradierung der kritischen Theorie ist freilich eine Bedingung ihres geschichtlichen Erfolgs; aber sie vollzieht sich nicht auf dem festen
Grund einer eingeschliffenen Praxis und fixierter Verhaltungsweisen, sondern vermittels des Interesses an der Umwandlung,
das sich zwar mit der herrschenden Ungerechtigkeit notwendig reproduziert, aber durch die Theorie selbst geformt und gelenkt
werden soll und gleichzeitig wieder auf sie zurückwirkt."[185] Die
Rückwirkung kann allerdings die Theorie als ganze zurückwerfen,
die Entwicklung des Sozialismus von der Utopie zur Wissenschaft,
die sich vor dem Hintergrund der Klassenkämpfe des 19. Jahrhunderts vollzogen hatte, umkehren und die sozialistische Perspektive
wieder in Utopie verflüchtigen. Weil die Klasse, der die Theorie
einmal galt, die Klasse der abhängigen Lohnarbeiter, ihr Interesse

[184] M. Horkheimer, Traditionelle und kritische Theorie, l. c., S. 288.
[185] L. c., S. 290 f.

an der Umwandlung nicht erkannt oder wenigstens nicht durchzusetzen vermocht hatte, war ihre Tradition Ende der dreißiger Jahre auf einen verschwindend kleinen Kreis von Intellektuellen zurückgeworfen, die sich auf der Flucht vor der in Europa hereinbrechenden Barbarei befanden. Die kritische Theorie stößt an ihre Grenzen – die Grenzen der Aufklärung. Sie ist Krisentheorie im Doppelsinn: sie steckt selbst von Anfang an in der geschichtlichen Krise, deren Struktur sie auf den Begriff bringen will. Dynamik und Kohärenz der Theorie ergeben sich aus dem dialektischen Sachverhalt, daß sie einen „sich historisch verändernden Gegenstand hat, der bei aller Zerrissenheit doch einer ist": die kapitalistische Gesellschaftsformation in ihrer Krise. „Sie speichert nicht Hypothesen über den Verlauf einzelner Vorkommnisse in der Gesellschaft auf, sondern konstruiert das sich entfaltende Bild des Ganzen, das in die Geschichte einbezogene Existentialurteil (...). Es besagt, in grobem Umriß formuliert, daß die Grundform der historisch gegebenen Warenwirtschaft, auf der die neuere Geschichte beruht, die inneren und äußeren Gegensätze der Epoche in sich schließt, in verschärfter Form immer aufs neue zeitigt und nach einer Periode des Aufstiegs, der Entfaltung menschlicher Kräfte, der Emanzipation des Individuums, nach einer ungeheuren Ausbreitung der menschlichen Macht über die Natur schließlich die weitere Entwicklung hintanhält und die Menschheit einer neuen Barbarei zutreibt."[186] Zu Anfang der vierziger Jahre, als dieses Urteil durch die Ausbreitung des Faschismus und den Zusammenbruch der bürgerlichen Zivilisation in Europa bestätigt wurde, sah Horkheimer sich veranlaßt, die von ihm konzipierte interdisziplinäre Sozialforschung aufzugeben. Im Angesicht des Rückfalls in Barbarei, vor dem Rosa Luxemburg gewarnt hatte, stand nicht mehr der Anspruch, die revolutionäre Überwindung der kapitalistischen Gesellschaftsformation theoretisch zu flankieren, sondern die Aufgabe, deren Mißlingen und den damit verbundenen naturwüchsig-qualvollen, immer wieder von gewaltsamen Eruptionen und Krisen erschütterten Zerfallsprozeß dieser Gesellschaft zu erklären. In der ›Dialektik der Aufklärung‹ unternahm Horkheimer zusammen mit Adorno den Versuch, die

[186] L. c., S. 289, 279.

Grenzen der Aufklärung aus deren eigenem Entwicklungsprinzip zu begreifen und ihr utopisches Potential gegen ihre geschichtliche Tendenz zur Selbstzerstörung zu retten.[187] Was spricht heute für eine kritische Theorie der Gesellschaft, deren praktische Durchschlagskraft in so krassem Mißverhältnis zu ihrem theoretischen Anspruch steht? Unzeitgemäß ist sie seit ihren Anfängen gewesen, weil sie gegen das falsche Einverständnis der Zeitgenossen zum Ausdruck bringt, was geschichtlich an der Zeit ist. Spätestens seit dem Zweiten Weltkrieg ist sie jedoch in einem anderen Sinne unzeitgemäß geworden. Die kritische Theorie ist keine Schulweisheit, die sich forttradieren läßt wie ein philosophisches System oder irgendein anderes auf Axiomen, Lehrsätzen und methodischen Regeln beruhendes Fachwissen. Es geht ihr nicht bloß um die Vermehrung des Wissens, vielmehr versteht sie sich als „unablösbares Moment der historischen Anstrengung, eine Welt zu schaffen, die den Bedürfnissen und Kräften der Menschen genügt".[188] In einer Welt, in der diese Anstrengung immer verzweifelter wird und nur noch in versprengten Splittern präsent ist, droht die kritische Theorie den Halt zu verlieren. Fällige Praxis läßt sich nicht auf unabsehbare Zeit vertagen. „Die bürgerliche Kultur", konstatiert Horkheimer 1959, „alles in ihr, wird in demselben Verhältnis und Tempo falscher, als sie die Zeit überschreitet, in der sie noch mehr werden konnte als sie selbst."[189] Das betrifft auch die Theorie, die diese Einsicht formuliert. Wenn es richtig ist, daß das gesellschaftliche Sein das Bewußtsein der Menschen bestimmt, dann muß das Verschwinden des praktischen Widerstands gegen die Klassengesellschaft über kurz oder lang zum Verlust kritischer Theorie führen.

Bei all ihrer Ohnmacht markiert die kritische Theorie aber auch

---

[187] Ich gehe an dieser Stelle auf die mit ›Dialektik der Aufklärung‹ eingeleitete späte Phase kritischer Theorie nicht näher ein. Eine knappe Darstellung der Kernthesen dieser bedeutenden Arbeit und des geistigen Horizonts, unter dem sie entstanden ist, findet der interessierte Leser in: C. Türcke, G. Bolte, Einführung in die kritische Theorie, Darmstadt 1994.

[188] M. Horkheimer, Philosophie und kritische Theorie, l. c., S. 626.

[189] M. Horkheimer, Notizen 1950–1969, Frankfurt a. M. 1974, S. 113.

gegenüber den wenigen ernstzunehmenden Versuchen, praktisch oder theoretisch über sie hinauszugehen, die fortgeschrittenere Einsicht in die spätkapitalistischen Verhältnisse. Ein angemessenes Bewußtsein der Gegenwart kommt an der Marxschen Kritik und den an sie anknüpfenden Studien des Frankfurter Instituts nicht vorbei und hat selbst ihren Verlust als Moment der gesellschaftlichen Realität zu begreifen, welche die Theorie kritisch negiert. Weil sie keine ewigen Wahrheiten verkündet, sondern die historisch bestimmte Organisation der Gesellschaft mit der in ihr selbst gelegenen Möglichkeit des Besseren konfrontiert, bleibt sie in die geschichtliche Zeit einbezogen. Sie wird sich in der Realisierung dieser Möglichkeit aufheben oder mit ihrer Zerstörung verschwinden. Bis es aber soweit ist, bleibt ihr gemäße Praxis – das kritische Verhalten – eine „fast unlösbare Aufgabe": „weder von der Macht der anderen, noch von der eigenen Ohnmacht sich dumm machen zu lassen"[190].

Diese Anstrengung ist immerhin der bescheidene Anfang einer Praxis, die weniger ohnmächtig ist als der ideologische Schlaf der Massen oder der blinde und desparate Aktionismus, der stets Gefahr läuft, die Bastionen der Konterrevolution zu verstärken. Nur wer sich zum Reflexionsniveau der kritischen Theorie heraufgearbeitet hat, kann überhaupt ermessen, was ihr Verlust bedeutet. Nur wer die Idee einer klassenlosen Gesellschaft als geschichtliches Telos kritischer Theorie einmal im Kopf gehabt hat, kann begreifen, was es heißt, daß deren Frist vielleicht schon abgelaufen ist, und das Bewußtsein schärfen für die Dynamik von Elend und Barbarei, die sich gegenwärtig von den Rändern der kapitalistischen Akkumulation scheinbar unaufhaltsam auf die Zentren zubewegt. Die historische Perspektive einer solidarischen Menschheit, die sich aus der naturwüchsigen Verstrickung im Zwang unbeherrschter Ökonomie gelöst hat, wird vielleicht schon in naher Zukunft nicht nur praktisch verloren, sondern auch theoretisch vergessen sein. Dann wird sich der Untergang der kapitalistischen Gesellschaftsformation ohne das Bewußtsein der in ihr steckenden Möglichkeiten vollziehen. Die Frage, ob die Zerstörung dieser Möglichkeiten und damit auch der Verlust kritischer

---

[190] Th. W. Adorno, Minima Moralia, Frankfurt a. M. 1979, S. 67.

Theorie noch aufzuhalten ist, läßt sich nicht eindeutig beantworten. Jedenfalls spricht schon aus den frühen Texten der kritischen Theorie das Wissen um die Gefahr ihres Verlusts und der Wille, sich ihm entgegenzustemmen. „Die kritische Theorie", schrieb Horkheimer 1937 in der ›Zeitschrift für Sozialforschung‹, „hat bei aller Einsichtigkeit der einzelnen Schritte und der Übereinstimmung ihrer Elemente mit den fortgeschrittensten traditionellen Theorien keine spezifische Instanz für sich als das mit ihr selbst verknüpfte Interesse an der Aufhebung der Klassenherrschaft. Diese negative Formulierung ist, auf einen abstrakten Ausdruck gebracht, der materialistische Inhalt des idealistischen Begriffs der Vernunft. In einer geschichtlichen Periode wie dieser ist die wahre Theorie nicht so sehr affirmativ als kritisch, ebenso wie das ihr gemäße Handeln auch nicht 'produktiv' sein kann. An der Existenz des kritischen Verhaltens, das freilich Elemente der traditionellen Theorien und dieser vergehenden Kultur überhaupt in sich einschließt, hängt heute die Zukunft der Humanität. Eine Wissenschaft, die in eingebildeter Selbständigkeit die Gestaltung der Praxis, der sie dient und zugehört, bloß als ihr Jenseits betrachtet und sich bei der Trennung von Denken und Handeln bescheidet, hat auf die Humanität schon verzichtet. Selbst zu bestimmen, was sie leisten, wozu sie dienen soll, und zwar nicht bloß in einzelnen Stücken, sondern in ihrer Totalität, ist das auszeichnende Merkmal der denkerischen Tätigkeit. Ihre eigene Beschaffenheit treibt sie daher zur geschichtlichen Veränderung."[191]

Zwischen dieser ungebrochen aktuellen Einsicht kritischer Theorie und der Diagnose ihrer praktischen Ohnmacht liegt ein Widerspruch – freilich keiner, der sich durch logisch sauberes Denken vemeiden ließe, sondern einer, auf den man durch konsequentes Denken gestoßen wird.

[191] M. Horkheimer, Traditionelle und kritische Theorie, l.c., S.291f.

Auswahlbibliographie

Zum Studium der Schriften von Marx und Engels empfiehlt sich nach wie vor die bei Dietz erschienene Ausgabe: Marx-Engels Werke, 39 Bde., Berlin 1956 ff.

Zum Verständnis des Zusammenhangs der kritischen Theorie des 19. und des 20. Jahrhunderts, wie er in diesem Buch dargestellt wird, tragen die nachfolgend aufgeführten Texte bei:

Th. W. Adorno, Reflexionen zur Klassentheorie, in: ders., Soziologische Schriften I, Frankfurt a. M. 1979, S. 373 ff.
- Über Statik und Dynamik als soziologische Kategorien, in: ders., Soziologische Schriften I, l. c., S. 217 ff.
- Spätkapitalismus oder Industriegesellschaft?, in: ders., Soziologische Schriften I, l. c., S. 354 ff.
- Fortschritt, in: ders., Stichworte, Frankfurt a. M. 1980, S. 29 ff.
W. Benjamin, Über den Begriff der Geschichte, in: ders., Gesammelte Schriften Bd. I 2, hrsg. von R. Tiedemann und H. Schweppenhäuser, Frankfurt a. M. 1980, S. 691 ff.
H. Grossmann, Das Akkumulations- und Zusammenbruchsgesetz des kapitalistischen Systems, Leipzig 1929.
- Die Wert-Preis-Transformation bei Marx und das Krisenproblem, ZfS (Jg. 1) 1932, S. 55 ff.
M. Horkheimer, Dämmerung, in: ders., Gesammelte Schriften Bd. 2, Frankfurt a. M. 1987.
- Bemerkungen über Wissenschaft und Krise, ZfS (Jg. 1) 1932, S. 1 ff.
- Geschichte und Psychologie, ZfS (Jg. 1) 1932, S. 125 ff.
- Materialismus und Metaphysik, ZfS (Jg. 2) 1933, S. 1 ff.
- Bemerkungen zur philosophischen Anthropologie, ZfS (Jg. 4) 1935, S. 1 ff.
- Traditionelle und kritische Theorie, ZfS (Jg. 6) 1937, S. 245 ff.
M. Horkheimer u. H. Marcuse, Philosophie und kritische Theorie, ZfS (Jg. 6) 1937, S. 625 ff.
Institut für Sozialforschung (Hrsg.), Soziologische Exkurse, Frankfurt a. M. 1983.
K. Korsch, Marxismus und Philosophie, Frankfurt a. M. 1966.
H.-J. Krahl, Konstitution und Klassenkampf, Frankfurt a. M. 1985.
K. Lenk, Marx in der Wissenssoziologie, Lüneburg 1986.

L. Löwenthal, Mitmachen wollte ich nie. Ein autobiographisches Gespräch mit Helmut Dubiel, Frankfurt a. M. 1980.

G. Lukács, Geschichte und Klassenbewußtsein. Studien über marxistische Dialektik, Darmstadt und Neuwied 1981.

H. Marcuse, Vernunft und Revolution. Hegel und die Entstehung der Gesellschaftstheorie, Darmstadt und Neuwied 1982.

– Über den affirmativen Charakter der Kultur, ZfS (Jg. 6) 1937, S. 54 ff.

F. Neumann, Behemoth. Struktur und Praxis des Nationalsozialismus 1933–1944, Frankfurt a. M. 1984.

W. Pohrt, Theorie des Gebrauchswerts oder über die Vergänglichkeit der historischen Voraussetzungen, unter denen allein das Kapital Gebrauchswert setzt, Frankfurt a. M. 1976.

F. Pollock, Die gegenwärtige Lage des Kapitalismus und die Aussichten einer planwirtschaftlichen Neuordnung, ZfS (Jg. 1) 1932, S. 8 ff.

– Bemerkungen zur Wirtschaftskrise, ZfS (Jg. 2) 1933, S. 321 ff.

A. Schmidt, Der Begriff der Natur in der Lehre von Marx, Frankfurt a. M. 1978.

A. Schmidt u. a., Krise und Kritik. Zur Aktualität der Marxschen Theorie, Lüneburg 1987.

H. Schweppenhäuser u. a., Krise und Kritik. Zur Aktualität der Marxschen Theorie II, Lüneburg 1989.